生きる哲学

若松英輔

文春新書

1001

生きる哲学◎目次

序章　生きる　言葉と出会うということ

かけがえのないたった一つの悲しみ

ときに人は、たった一つの言葉を見つけるために、人生のある時期を費やさなければならないことがある。しかし、その言葉と出会うことができたなら、けっして徒労だったとは思わないだろう。一つであっても言葉は、人生を根本から変えることがある。むしろ、言葉だけが、そうした力をもっている。

私たちは多くの言葉を知っている。だが、知ることと生きることとは違う。知ることはしばしば対象の周辺をなぞることに終わる。しかし、生きるとき、人はそれと深く交わらざるを得ない。ある仕事について知る、ということと、ある仕事を生きることは大きく異なる。仕事の労苦を身をもって感じている者だけが、そこに潜んでいる喜びを見出すことができる。

それは言葉でも同じだ。ある言葉と、本当の意味で交わることができれば、困難は困難のままでも人はそれを生きぬくことができるように思われる。私の場合はそうだった。だが、やはり私もそうだったように、人はしばしば、自分が出会うべきものが言葉であることを見失っていることがあるかもしれない。

近しい人を喪い、半身を失ったように生きていた時期がある。そのときに偶然、次の一節に出会った。書いたのは、「民藝」の提唱者であり、宗教哲学者でもあった柳宗悦（一八八九〜一九六二）である。

一九二一年に彼は、最愛の妹を異郷で喪う。彼女は出産後、体調が急変し、亡くなったのだった。柳は妹の生涯を語る「妹の死」と題する文章を書き、その終わりに次の一節を添えた。

おお、悲《かなし》みよ、吾《わ》れ等にふりかかりし淋しさよ、今にして私はその意味を解き得たのである。おお、悲みよ、汝がなかったなら、こうも私は妹を想わないであろう。愛を想い、生命を想わないであろう。悲みに於《お》いて妹に逢い得るならば、せめても私は悲みを傍ら近くに呼ぼう。悲みこそは愛の絆である。おお、死の悲哀よ、汝よりより強く生命の愛を吾れに燃やすものが何処にあろう。悲みのみが悲みを慰めてくれる。淋しさのみが淋しさを癒してくれる。

涙よ、尊き涙よ、吾《わ》れ御身《おんみ》に感謝す。吾れをして再び妹に逢わしむるものは御身の力である。
（『柳宗悦コレクション3』）

悲しむことがなければ、自分はこれほど妹を思うことはなかった。悲しみにおいて亡くなった妹と出会っている、と柳は感じる。悲しみを遠ざけることを願うのではなく、むしろ、「悲みを傍ら近くに呼ぼう」と書く。悲しみを真に慰めるのは、悲しみを深く生きることであることを知る。悲しみは、愛と同義であるとまでいう。

さらに柳はここで、「悲み」にも、「涙」にも、汝と呼びかけている。悲しみを生きる彼にとって「悲み」とは、すでに感情の傾きではなく、かけがえのない人生の出来事であり、「涙」は、頰をつたう体液ではなく、何者からか使わされた沈黙の使者となっている。「悲み」も涙も、彼には悲痛に苦しむ自分に、静かに寄り添う妹であると感じられている。涙となって妹がそばにいると彼は思う。

読者のなかで、悲しみを経験したことのない人はいないだろう。ことさらに語ることはなくても、誰もが悲しみの経験を宿している。悲しみは、もっとも平等に与えられた人生の出来事なのではないだろうか。人は、喜びによってよりも悲しみによって、他者と、強く、深くつながっているとすら思われる。

同じ悲しみは存在しない。悲しみの重さを比較することはできない。存在するのはいつも、かけがえのないたった一つの悲しみだけだ。

だが、すべての人が、その固有の経験を大切にしているとは限らないのかもしれない。誰もが大切にしたいと思っているのだが、世の中の風潮が、悲しみに宿った意味を希薄にしているように思われる。震災以後はとくにその傾向が著しい。静かに悲しみと向き合い、それを生き抜こうとする人々に、がんばれと声をかけ、励ましてきたのではなかったか。

悲しむ者をいたずらに励ましてはならない。そうした人々が切望しているのは安易な激励ではない。望んでいるのは、涙がそうであるように、だまって寄り添う者ではないだろうか。さらに言えば、励ましとは、がんばれというような一方的な言葉を掛けることではなく、容易に言葉になろうとしない相手の感情を写し取ろうとすることなのではないだろうか。語られない励ましが、かえって深く人を癒すこともあるだろう。

先の柳の言葉に出会ってから、悲しみは私の中で、まったく姿を変えた。悲しみは悲惨な経験ではなく、むしろ、人生の秘密を教えてくれる出来事のように感じられるようになった。私の悲しみを慰めたのは悲しみという言葉だった。その言葉を生き始めたとき、世界は一変した。状況が変わったのではない。私が変わったのである。

また、悲しみに生きる人は——たとえ、その姿が悲痛に打ちひしがれていても——私の目には勇者に映る。勇気とは、向こう見ずの勇敢さではなく、人生の困難から逃れようとせず、その身を賭して生きる者を指す言葉になった。

悲しみを不幸と結びつけることで終わっている考え方からすれば、柳の思想は矛盾に満ちている。だが、悲しみを生きている者に説明はいらないだろう。悲しみの経験は、痛みの奥に光を宿している。悲しみの扉を開けることでしか差し込んでこない光が、人生にはある。その光によってしか見えてこないものがある。

出会うべき言葉は私たちの内にある

分かるということは変わるということだ。ある出来事にふれ、真に分かったとき人は、どこかで変貌しているのである。これは素朴な理法だが、ときに厳しく迫ってくる。変わっていないのであれば、じつは分かってはいないことが露呈してしまう。哲学者の池田晶子（一九六〇〜二〇〇七）は、分かることと変わることにふれ、次のように書いている。

この本に書いてあることを自分で考えて、自分の知識として確実に知ったのなら、君の生き方考え方は、必ず変わる。変わるはずなんだ。本当に知る、「わかる」とは、つまり、そういうことなんだ。

（『14歳からの哲学』）

書名にあるように池田は、十四歳の若者にむかってこう呼びかけている。
「この本に書いてあること」と彼女がいうのは自分の発言を指しているのではない。彼女は

「自分の言葉」、「自分の考え」というものをまったく信用していなかった。彼女がもっとも敬愛していた哲学者はプラトン（前四二八／前四二七〜前三四八／前三四七）である。哲学の祖といってよいこの人物にとって、知るとは、すべて想い出すことだった。

新しく知るということはない、とプラトンはいう。人間が知らなくてはならないことはすべてその魂に宿っている、より正確にいえば、魂を扉にした「真実在《イデア》」界と呼ぶべき世界にすでに存在していると考える。プラトンはそうした働きを「想起」と呼んだ。

彼にとって哲学とは、不断に想起する営みだった。したがって、池田がいう「この本に書いてあること」とは、それを読む者の心にもともと宿っていること、と置き換えてよい。内なる叡知の存在に気がつきさえすれば、人は必ず変わる、と池田はいうのである。

別なところで彼女は、「わかる」という表現にふれ、「分かる」と漢字で書くようにそれは、自ら内から叡知が分かれ出る経験を指すのだ、と語ったことがある。また、何かを本当に理解したとき、人はほとんど無意識に「分かった」と思わず過去形で口にする。こうした行為にも、知るべきことはすでに私たちの内に存在していることが示されているといった。

そう考えると、出会うべき言葉は誰もが、すでに自分の手に握り締めているということになる。生きるとは、自分の中にすでにあって、見失っている言葉と出会うための道程だとも言えるのかもしれない。だが、その言葉は、必ずしも言語の姿をしているとは限らない。奇妙に聞こえるかもしれないが本当だ。言語は、無尽にある言葉の一形態に過ぎない。

このことは、言葉という表現を意味の塊《かたまり》と置き換えるとよくわかる。私たちは日常生活のさまざまなところで意味を感じている。言語以外の呼びかけにも意味を感じることは少なくない。朝、日が昇るのを見て美しいと思う。それにとどまらず、ある充実を感じる。あるいは深い畏敬の念に包まれる人もいるかもしれない。雨のなかにたたずむとき、静かな大地のうごめきを感じる者もいるだろう。鳥のさえずり、川の流れ、私たちは万物の動きに意味を感じることができる。逆の言い方をすれば、世界は人間に読み解かれるのを待っているようにさまざまな意味を語っている。

世界がけっして止まることなく、意味を語り続ける様子を、美しく、また、まざまざと記した一文が日本にはある。『古今和歌集』の序文「仮名序」がそれだ。作者である紀貫之（八六六～九四五？）はこう書いている。

やまとうたは、人の心を種として、万の言の葉とぞなれりける。世の中にある人、ことわざ繁きものなれば、心に思ふことを、見るもの聞くものにつけて、言ひ出せるなり。花に鳴く鶯、水に住む蛙の声を聞けば、生きとし生けるもの、いづれか歌をよまざりける。力をも入れずして天地を動かし、目に見えぬ鬼神をもあはれと思はせ、男女の中をも和らげ、猛き武士の心をも慰むるは歌なり。

和歌は、人の心に宿る思いを種子として、無数の言葉となり、世に顕《あら》われる。世の人は心に思うこと、見ること、聞くことを言葉にせずにはいられない。しかし、そうして語るのは言語をもった人間ばかりではない。「花に鳴く鶯、水に住む蛙の声」それらを聞けば、生きとし生けるもの、いずれか「歌」を詠まないものがあろうか、と思われてくる。それればかりか、物理的な力を用いることなく天地を動かすのも、眼に見えない神々や精霊の心に呼びかけるのも、情愛に生きる男女の心を通じ合わせるのも、さらに勇猛な武士の心を深く慰めるのも「歌」だというのである。

ここでの「歌」は単に五七五七七の三十一《みそひと》文字を指すのではない。「歌」の姿をした意味の塊を指している。本書では、言語の姿にとらわれない「言葉」をコトバと片仮名で書くことにする。

哲学は生きている

私たちが文学に向き合うとき、言語はコトバへの窓になる。絵画を見るときは、色と線、あるいは構図が、コトバへの扉になるだろう。彫刻と対峙するときは形が、コトバとなって迫ってくる。楽器によって奏でられた旋律が、コトバの世界へと導いてくれることもあるだろう。

形の定まらない意味の顕われをコトバと呼んだのは哲学者の井筒俊彦(一九一四～一九九三)である。主著と呼ぶべき著作『意識と本質』で彼は、コトバの働きにふれ、次のように書いている。

およそコトバなるものには「天使的側面」があるということ、つまりすべての語《コトバ》は、それぞれの普通一般的な意味のほかに、異次元的イマージュを喚起するような特殊な意味側面があるということだ。「天使」などのように、始めから異次元の存在を意味する語ばかりでなく、「木」とか「山」とか「花」のようなごくありきたりの事物を意味する語も、やはり、異次元的イマージュに変相する意味可能性をもっている……

あらゆるコトバは、彼方の世界と私たちが生きている世界の架け橋となる。コトバはもともと「異次元的」に実在している、というのである。

たしかに、私たちはコトバの意味――意味であるコトバ――がどこにあるか、と指差すことはできない。それが単なる意識的反応ではないことは誰もが毎日の生活のなかで実感している。

ここでは井筒は「天使」という表現を用いているが、仏教においても同質の現象は起こっている。井筒は、日本あるいは東洋の哲学の源流を求め、仏教の今日的意義を再発見する。仏教の伝統に、西洋とは異なるかたちで脈々とつらなる「哲学」の営みを見出す。井筒が、熱情をもって論じたのが空海の真言密教における曼荼羅の哲学だった。密教においてコトバは、ときに曼荼羅の姿をもって表される、曼荼羅は幾多の教典にけっして劣ることない叡知の結晶の表現だと井筒はいう。

ただ、曼荼羅を見るとき、私たちは文字を読むように眺めてはならない。そこに書かれているコトバは、文字とは異なる秩序に基づいている。曼荼羅が見る者に求めるのは、言語の感覚を鎮め、コトバの感覚を開くことなのである。

曼荼羅に限らない。仏教の伝統にはさまざまな姿でコトバは生きている。偉大な仏教者が著述を書き残すように、ある者は仏画を描き、仏像を彫る。虚心に向き合う労を厭わなければ、私たちは一つの仏像を眺めることで、仏教の核心にふれることができる。その道が閉ざされているとしたなら、仏師たちが作ったのは単なる偶像に過ぎないことになるだろう。奈良東大寺の大仏、盧舎那《るしゃな》仏像が表現するのは荘厳な姿だけではない。あの像には華厳経の教えが、まざまざと顕われている。

こう書きながら、思い出しているのは和辻哲郎（一八八九～一九六〇）の『古寺巡礼』である。この著作は一九一八（大正七）年、二十九歳の和辻が京都、奈良を旅したとき経験した精神の記録である。和辻が近代日本を代表する哲学者であることは論を俟《ま》たない。しかし、彼の代表作の一つが、旅行記の形をして出現したことの意味は、もう一度考えてよい。「歌」が万物に宿っているように、「哲学」も至るところにある。日本の古都にある寺を尋ね、そこにある仏像仏画との対話のなかで培われた記録として「哲学」が語られる。この本は、哲学者和辻哲郎の余技ではない。美の姿をした叡知に向けられた彼の哲学的信仰の記録なのである。それは彼の思索の重要な軌跡であると共に、私たちの「哲学」の歴史でもある。近代の日本の哲学は、論文という形式を大きく逸脱したところで深化してきたのだった。

哲学は、世にいう哲学者によって語られるとは限らない。事実、和辻や井筒が「哲学」をもとめ、出会ったのは哲学者と呼ばれる人々ばかりではない。和辻が『古寺巡礼』で論じたのが有名無名の仏師であり、ときに伝説上の人物だったように、『意識と本質』で井筒が論じたのは、いわゆる哲学者たちであるより、リルケ、マラルメ、あるいは芭蕉といった詩人たちであり、空海、道元などの宗教者、また、儒学者である朱熹や国学者の本居宣長だった。彼らにとって「哲学」は常に生きているものだった。彼らは静止した剝製のような「哲学」を嫌った。「人間生活を宗教的とか、知的とか、道徳的とかいうふうに截然と区別してしまうことは正しくない。それは具体的な一つの生活をバラバラにし、生きた全体としてつかむことを不可能にする」と『古寺巡礼』に和辻は書いている。

作られた分類、概念は止まっている。しかし、実在はいつも動いている。剝製を眺めることで、大きさや外観を理解することはできるが、そこに命を感じることはない。誰もが簡単に用いることができる剝製のような概念は、人生の困難にあるときには何の役にも立たない。

本書では、本章を含む十五の章を異なる動詞においてとらえようとしている。真に「哲学」と呼ぶに値するものがあるとすれば、それは私たちが瞬間を生きるなかでまざまざと感じることにほかならないからだ。

第一章　歩く　須賀敦子の道

学問にとどまらない哲学

二〇〇六年、あるニュースが世界をにぎわせた。数学史上の難題、解明は不可能だと思われていた「ポアンカレ予想」がついに解かれた、というのである。

一九〇四年にフランスの数学者アンリ・ポアンカレ（一八五四～一九一二）によって示された、この問題を前に、これまで無数の天才数学者が敗北を喫していた。文字通りの意味で学者人生を棒にふった人も少なくない。所詮《しょせん》、解などありはしないのだ、と主張する人すら少なからずいた。

解明者は、グリゴリー・ペレルマン（一九六六〜）というロシア人だった。問題が解かれたことだけで驚愕の事実だったが、さらに驚かされることがあった。解明にむけて彼がたどったのは、従来の数学者たちとはまったく異なる道程だったのである。ペレルマンは数学者なのだが、物理学にも深く通じていた。近代の分類からすれば異分野とされる領域に裏打ちされた視座が、近代数学最大の問題を解く決定的な糸口になったのだった。

この出来事は、近代における知の在り方に根源的な問いを投げかけている。知の進化のためには、領域を細分化し、専門化しなくてはならないと近代は信じた。だが、「ポアンカレ予想」をめぐって私たちは、まったく異なる経験を強いられたのである。

数学者たちは、数学的試行によって解こうとすればするほど、「ポアンカレ予想」から遠ざかっていった。だがポアンカレはこの問題を世に投じることによって、細分化される学問の在り方に、大きな疑義を投げかけていたのかもしれないのである。

同質のことは科学の世界だけでなく、哲学や文学の分野でも起っている。近代は、デカルト（一五九六〜一六五〇）が『方法序説』で説いた物心二元論に始まる、とされる。このときデカルトは、人間の身体は「物」であり、「心」とは別な秩序に基づいていると考えた、というのである。しかし、この部分的な事実は、真実からは遠い。

確かにデカルトは、心身は別に存在する、と言った。だが、彼の著作を、できるかぎり先入観を排除して読んでみる。物心が二元的であるとはどこにも書かれていない。むしろ、彼が探究しようとしているのは、見た目には、別々に存在しているように映る物心が、なぜ同時に一なるものでもあり得るか、という問題だった。

デカルトにとって「哲学」とは、単なる論理の体系ではない。むしろ、一すじの道のようなものだった。そのことを実感するには、どうしても自分の足で歩いてみなくてはならない。それは論理的整合性の中よりも、論理的矛盾の彼方に真実があることを証する営みだった。

人はしばしば、心と体は一つだと素朴にいう。だが、どこまでも心身がまったく一なるものであるなら人間は、肉体の滅びと共に消滅することになる。魂は、けっして独立して存在することはできなくなる。魂として生きることを「死者」あるいは「生きている死者」と呼ぶとすれば、心身がまったく一なるものであるとき、死者は存在することができなくなる。

逆に、心と身体が別な秩序に基づいているなら、死者として生きる可能性は十分にある、ということになる。古代の人々はそう考えた。彼らにとって死は、存在の終わりではなく、新生の契機だった。

論理を重んじながら、論理的に大きな矛盾をはらみながら生きているのは、現代人の方かもしれない。心の存在をまったく忘れた医学という体系を作った現代人は、心と身体を別々に扱いながら、しかし、身体が滅べば心もまた消え去るのだと考えている。見えるもの、ふれえるもの、あるいは計測できるものだけが存在するというのだろう。だが、デカルトはそうは考えなかった。彼には、魂の実在も、魂として実在する死者も、はっきりと認識されていた。

『省察』と題する彼の著作には、もともと次のような長い題名が付されていた。「神の存在、及び人間の霊魂と肉体との区別を論証する、第一哲学についての省察」（三木清訳）。神の存在と、神への扉である人間の霊魂、それと肉体との異同こそが自分の根本問題だというのである。こうした営みを現代の私たちは『省察』とだけ呼んで安心している。

「省察」の原語は、meditationes、英語の meditation にあたる言葉で、「瞑想」と訳されることもある術語である。ここでの魂と肉体をめぐる「省察」とは、いわゆる近代科学を背景にした分析や解析ではない。むしろそれは、副題に付されていたように、人間を超え出るものへの真摯な憧憬であり、沈着かつ持続的な思索を意味している。

自身もまた哲学者だった三木清が「霊魂」と訳していた anima は、現代ではしばしば「精神」と訳される。だが、今日用いられる「精神」という言葉にはもう、生ける魂を想起させる語感は息づいてはいないだろう。

本論を「生きる哲学」と題した。ここにおいての「哲学」は、哲学者デカルトの伝統を継承している。それはすでに、狭義の学問領域ではない。状態である。人間が自身を超える何ものかにむかって無限に開かれてゆく在り方を意味している。

「哲学」とはそもそも、机上で学習する対象であるより、私たちが日々、魂に発見するべき光のようなものなのではないだろうか。人生の岐路に立ったとき、真剣に考え、誰に言うでもなくひとり内心で、これが私の哲学だ、とつぶやく。そうしたときの「哲学」である。

真に哲学者と呼ばれるべき人がいるなら、その人物は単に、学校で哲学を勉強した人でもなければ、哲学理論を展開する人でもない。むしろ、万人のなかに「哲学」が潜んでいることを想い出させてくれる人物でなくてはならない。迷ったとき、自らの進むべき道を照らす光は、すべての人に、すでに内在していることを教えてくれる人でなくてはならない。

近代日本において、哲学とは何かを教えてくれたのは、世間で哲学者と称されている人々ばかりではなかった。哲学者は、今日でいう「哲学」という狭い領域にはけっして収まらない。哲学は、ときに文学者、芸術家、医者、あるいは心理学者を通じて顕われた。

また、分野を問わず、「哲学」の優れた語り手たちは皆、自分を通じて語られた言葉を「私」の思想などとは呼ばなかった。彼らは閉ざされた、小さな「私」から言葉が生まれて来たのではないことを熟知していた。それればかりか、その記述を読むと自らの手によって次々と書かれる文字に、最初に驚いているのも彼らだったことが分かる。

書き手とは、発言者であるよりも、沈黙の言葉の委託者なのである。彼らは真実の語り手の「声」をいつも感じている。

その沈黙の「声」の主にふれ、ポール・ヴァレリー（一八七一〜一九四五）は、「無名のひと、おのれを出し惜しむひと、告白することなく死んでゆくひと」（『ムッシュー・テスト』清水徹訳）と書いたことがある。あえて語ることをしない、真に哲学者と呼ばれるべき市井の賢者の声を聞きとること、それこそが書き手にゆだねられた神聖なる義務だというのである。

現代の日本にも、無名の、「おのれを出し惜しむひと」の声になりきろうと、優れた作品を次々と書き、駆け抜けるように逝った作家はいる。須賀敦子（一九二九〜一九九八）もそのひとりだった。

須賀敦子の書いた無名の人々——枠組みにとらわれないということ

代表作『コルシア書店の仲間たち』で彼女は、自らの理想の文学にふれ、こう記している。ある友人が、イタリア在住のユダヤ人作家ナタリア・ギンズブルグの『ある家族の会話』をどう思うか、と尋ねたとき彼女はこう応えた。

　自分の言葉を、文体として練り上げたことが、すごいんじゃないかしら。私はいった。それは、この作品のテーマについてもいえると思う。いわば無名の家族のひとりひとりが、小説ぶらないままで、虚構化されている。読んだとき、あ、これは自分が書きたかった小説だ、と思った。

　この一節は、なぜ須賀敦子が文章を書いたのかを端的に物語る、一種の告白にもなっている。須賀の作品には、いわゆる名の知れた人々も数多く出て来る。そのなかには、彼女が実際にあった同時代の人物もいれば、彼女が強く影響を受けた歴史上の人物もいる。しかし、その一方で、ヴァレリーが書いたような名の知れない、「おのれを出し惜しむひと」も多く登場する。作品中その存在感は、歴史に名前を残した人物に勝るとも劣らない。そう描き出せることに作家としての須賀の力量があった。

人間には誰しも担わなくてはならない人生の問いがあり、それは他人に背負ってもらうことはできない。自己を生きるという使命においては、優劣や意味の大小は存在しえない。それぞれが固有の存在であることが個々の人間に宿っている冒されざる尊厳の根拠となっている。その真実を須賀敦子は、市井の人々の日常を描くことで示そうとした。

「無名の家族のひとりひとりが、小説ぶらないままで、虚構化されている」との彼女の言葉は、須賀敦子自身の文学の秘密を語ってもいる。没後十六年を経てもなお、須賀はエッセイストだったとされているが、彼女は、「小説ぶった」ものでなければ小説だと認めない、とする世の中の動きを逆手にとって、読者を創造的に「欺く」ように、次々と彼女が信じる「小説」を書いていった。須賀が、作家として活動したのは晩年の七年あまりの間でしかない。はじめての著作『ミラノ　霧の風景』が公刊されたとき彼女は六十一歳になっていた。

はじめて須賀が文章を公にしたのは、二十七歳のときで翻訳だった。彼女はヨーロッパに渡るまでも、渡欧後も先駆的な現代カトリック思想の優れた紹介者だった。諸宗教間の対話とは、今日では当然のことのようだが、かつては違った。宗教間に対話など存在しなかった。そこに風穴を開けたのがカトリック左派の人々だった。須賀は、そうした時代の変革をもたらした精神運動の渦中にいたのである。

　ここでいう「左派」とは、カトリックがカトリックでなくなるところにすら出向いていくという態度を示すと考えた方がよい。「キリスト教の殻にとじこもらないで、人間のことばを話す『場』をつくろう」というのがイタリアで彼女が近くに接した人々の理念だった。彼らは、当時の教会が敵視していたマルクス主義者やアナキスト、あるいは異教徒たちとの対話を重ねた。対話だけでなく、彼らと積極的に協同し、教会の改革を実践した。

　カトリック左派の思想を彼女は、海外の友人が送ってきたコルシア・デイ・セルヴィ書店が刊行した雑誌で知る。『コルシア書店の仲間たち』と題する著作があるように、彼女はのちにこの書店の中心的な働き手の一人になる。

「書店」といっても、本を販売する場所であっただけではない。出版事業を行い、何よりも宗教、思想、民族、性別、年齢の区別なく、必要を感じる人々が集う場所だった。そこには宗教者や思想家、文学者もいたが、なかには、ほかでは友人をつくることが難しい、社会に適合するのに多くの試練と困難を背負っているような人々もいた。

　コルシア書店は、時代に多くの叡知をもたらしたが、けっして単なる知的共同体ではなかった。彼らは思想を説きたかったのではない。「司祭も信徒もなく、ひとつになって、有機的な共同体としての生き方を追求」していた。信仰によって結びつくのではない、新たな「共同体」の在り方を模索していた。その精神運動との邂逅は、須賀敦子の精神、さらには彼女の霊性――信仰の態度――をも決定している。カトリック左派とは何かを彼女は、次のように語っている。

カトリック左派の思想は、遠くは十三世紀、階級的な中世の教会制度に刷新をもたらしたアッシジのフランシスコなどに起源がもとめられるが、二十世紀におけるそれは、フランス革命以来、あらゆる社会制度の進展に背をむけて、かたくなに精神主義にとじこもろうとしたカトリック教会を、もういちど現代社会、あるいは現世にくみいれようとする運動として、第二次世界大戦後のフランスで最高潮に達した。

（『コルシア書店の仲間たち』）

教団としての「宗教」の枠に留まるのではなく、必要があれば、あえてその枠組みを突破しなくてはならないとコルシア書店の人々は考えた。また、彼らには、考えることと身体を動かすことは不可分だった。考えることは実践することによってのみ陶冶《とうや》されるというのが、コルシア書店の根本精神だった。それを文字通り体現し、活動を推し進めていたのが、彼女が作品中でペッピーノと呼ぶ人物である。

一九六〇年、コルシア書店で働き始めて八ヶ月後に彼女はペッピーノと婚約、翌年の十一月に結婚する。彼女はペッピーノに恋するずっと前に、彼が匿名で書いていた文章に心打たれていた。だが、遠く日本にいた自分を、イタリアまで引き寄せた文章を書いた人が、自分の夫になったことを彼女が知ったのは結婚してからである。

哲学とは、迷いながらも歩くこと

何かに導かれるように出会いが準備され、二人は結ばれる。結婚生活は幸福だった。だが、長くは続かなかった。一九六七年、ペッピーノが病で急逝する。彼の死と共にコルシア書店の運動も岐路に立たされることになった。

ただ、その人がいるだけで、ゆるやかな秩序が生まれる、という人物がいる。だが、そんな存在がいなくなると組織は急速に弱体化する。コルシア書店とペッピーノは、ちょうどそんな関係だった。

それでも仲間たちは、どうにか書店の運動を継続しようとする。その一人、ルチアはペッピーノ亡きあと、その役割の一部を担おうと必死で働く。そんなとき、彼女はみんなにこう言った。

「からだを使ってする仕事なら、なんでもする。でも、私から哲学は期待しないで。それはあなたたちにまかせるから」ルチアはよく、そういった。少々短絡的ではあったけれどペッピーノのあとには「思想のある人間」をもってこなければならない、というのが、散々考えぬいたあげくに彼女のたどりついた結論だった。

（『コルシア書店の仲間たち』）

からだは動かす、しかし、理論的な指導者にはなれない。そのために充分な知識も関心もない、というのである。

仲間たちは、ルチアの言葉を重んじてか、「思想のある人間」を別所から連れてくることにした。だが、その決断がなされたとき、書店は終焉にむかって動き出していたのである。

新たな書店の哲学は、ルチアが立ち働いていることのなかに胚胎しようとしていた。労働と哲学は分離しない。働くことが哲学の表現なのである。哲学をわが身に宿している人はそれが何であり、そこにどれほど大きな意味があるのかを格別に意識しない。哲学の種子は、行動のなかに宿され、それを思索とさらなる実践が育む。

ペッピーノは、仲間たちに宿った哲学の萌芽を丁寧に育てていたのだった。ペッピーノのあとに来た人物は、「思想」に詳しく、冗舌に語るが、それを生きる術をまったく知らなかった。思想とは語るべきものであると彼は信じていたのである。だが、コルシア書店の人々の実感は違う。哲学とは、口にすることであるより、迷いながらも歩くことだった。

だから、須賀敦子は歩く。比喩ではなく、よく歩く。彼女の作品を読むと、無意識的に、あるいは本能的に歩くなかで何かと出会おうとしているのが分かる。次に引くのも『コルシア書店の仲間たち』の一節である。「ひとりでミラノを出ることがほとんどなかった私は、なんとなく心細い気持で、その道を歩いていた」、と他の場所へ行き、自分の暮らすミラノへ戻る帰路で起こった、ある出来事をめぐって彼女はこう書いている。
ふだんは日常の一部になりきっていて、これといった感慨も持たなかったミラノだったのが、朝の陽光に白くかがやく大聖堂の尖塔のイメージに触発されて、いいようもなくなつかしい、あれが自分の家のあるところだ、といった感情をよびさまし、ほとんど頬がほてるほどだった。日本が、東京が、自分のほんとうの土地だと思いこんでいたのに、大聖堂の尖塔を遠くに確認したことで、ミラノを恋しがっている自分への、それは、新鮮なおどろきでもあった。

歩くように考えるのではなく、歩くことと考えることの間に隙間が無くなる瞬間に、出来事は起こる。

ここでの「歩く」とは、静止していないことを表現してもいるが、慌てふためいているのでもない。時空になじむように、世界に寄り添うように生きることを意味している。疾走する者には、道端に咲く花は容易に目に入らない。その花弁を彩る神秘と真実はけっして知られない。分かろうとすることが、情愛の証であるなら、いつでも立ち止まれるようにゆっくりと歩き始めることはその顕《あら》われであるのかもしれない。また歩くことは、挨拶のようなものかもしれない。それは分かることから分かり合うことへと育って行く。

私のミラノは、たしかに狭かったけれども、そのなかのどの道も、だれか友人の思い出に、なにかの出来事の記憶に、しっかりと結びついている。通りの名を聞いただけで、だれかの笑い声を思いだしたり、だれかの泣きそうな顔が目に浮かんだりする。十一年暮らしたミラノで、とうとう一度もガイド・ブックを買わなかったのに気づいたのは、日本に帰って数年たってからだった。

（『コルシア書店の仲間たち』）

自分の生きている場所は狭い。しかし、そこはすべて自分の大切な人々のかけがえのない毎日とつながっている。それを想い出し、しっかりと感じるためにも、人は歩かなくてはならない。どんなにゆっくりであっても自分の足で、大地を踏みしめて進まなくてはならない。歩くという日常的な行為が、日常を突き破り、心の奥深くに魂の故郷が芽生えていたことを告げ知らせる。

知らない場所だとしてもガイドブックは買わない。自分にとって欠くことのできない場所は、自分の足で歩いてみたところだけだ、という確信が須賀にはある。彼女はガイドブックにふれ、次のようにも書いている。「ガイド・ブックや職業案内人にたよる旅行は、知識は得ても、心はからっぽのままだ。友人といっしょに見たあたらしい（見なれた街角でもいい）景色には、その友人の匂いがしみついて、ながいこと忘れられない」（『コルシア書店の仲間たち』）。

人が見聞きしたことにふれるのは、何かに「ついて」知ることで、それをどんなに積み重ねてもけっして開かれてこない地平が人生にはある。生きることについて知ることが大事なのではない。生きること「を」、知らねばならない。自分の生にだけは、いつも直接ふれていなくてはならない。それが須賀敦子の信条だった。

歩いてきた道が見えるとき

ドロシー・デイ（一八九七〜一九八〇）という女性がいる。須賀敦子の生涯を思うといつも彼女の言葉が想い浮かぶ。ドロシー・デイは須賀敦子を知らないだろうが、須賀敦子は、ドロシー・デイをよく知っていたに違いない。二世代ほどの開きはあるが同時代人であり、同性で、コルシア書店の精神を決定したフランスの思想家エマニュエル・ムーニエ（一九〇五〜一九五〇）の人格主義《ペルソナリスム》に決定的な影響を受け、アメリカ・ニューヨークで活動を始め、大きな成果を挙げた、二十世紀を代表する運動家、思想家である。

一九三三年、デイは、ピーター・モーリン（一八七七〜一九四九）と共に「カトリック労働者運動〔Catholic Worker Movement〕」という名の共同体を立ち上げる。名称の通り貧困にあえぐ労働者らに寄り添い、単に経済的にだけでなく、社会的、あるいは精神的にも「自立」してゆく後押しをする運動体だった。

彼女にとって問題は、いつも目の前にいる困惑する他者の姿をもって現れた。貧困の問題は、貧しい生活を送る労働者として現前した。きわめて実践的な人物だった彼女は、体系的な思想の構築などにはまったく興味がなかっただろうし、執筆も彼女にとっては二義的なことに過ぎなかった。デイは、どこまでも他者との交わりのなかに普遍的な解決を模索していく。その連続が彼女の人生の流儀だった。

毎日祈り始めている自分に驚いた。ひざまずいて祈ることはできない。でも、歩きながらならできる。ひざまずくと本当に神を信じているのか、誰に祈っているのかとの思いが湧いてくる。〔中略〕しかし、村に向かって歩いているとき、ふたたび祈っている自分に気が付く。ポケットでロザリオを握りしめながら。

(*The Long Loneliness* 筆者訳)

教会で祈ることはできない。教会で祈るとき、自分の心を占領するのは渦巻く観念である。だが、歩いているときは違う。そのとき自分は世界とばかりか、時空の彼方とまでつながっているようにすら感じられる、というのである。

まったく同じ言葉が、須賀敦子の作品のなかにあったとしても驚かない。むしろ、それが書かれなかったことを不思議に思う。それほどに、デイの言葉は須賀敦子の境涯をはっきりと照らし出している。彼女は、デイの言葉に応えるような言葉を自分で書く代わりに、次のような『星の王子さま』の作者サン＝テグジュペリ（一九〇〇～一九四四）の一節を引いている。

「自分がカテドラルを建てる人間にならなければ、意味がない。できあがったカテドラルのなかに、ぬくぬくと自分の席を得ようとする人間になってはだめだ」(『ヴェネツィアの宿』)

ここでの「カテドラル」は建造物を指しているのではない。「教会」を意味するギリシア語――新約聖書はギリシア語で書かれている――「エクレシア」はもともと、人々が集う場所より、集うことそのもの、真実の意味における共同体を指した。自分がカテドラルを建てる、それは自分を共同体のなかに生かすことを意味している。それは自己のために共同体を利用するのではなく、また、それに隷属するのでもない。共同体の伝統と使命の前に無私になることである。

キリスト教に出会い、書物を通じてカトリック左派を知り、その霊性に開花したコルシア書店という共同体に、閉塞する時代を突き破る可能性を見出し、遠くイタリアまで来て、その運動に連なった。そこで愛する人と出会ったが、運命は奪い取るようにその人を連れ去った。それればかりか、時代の流れはコルシア書店という場すら呑み込んでしまった。この世界には本当の居場所がないのかもしれない、ある時期須賀敦子はそう思っていた。

「西洋の過去にもつながらず、故国の現在にも受け入れられていない自分は、いったい、どこを目指して歩けばよいのか。ふたつの国、ふたつの言葉の谷間にはさまってもがいていたあのころは、どこを向いても厚い壁ばかりのようで、ただ、からだをちぢこませて、時の過ぎるのを待つことしかできないでいた」(『ヴェネツィアの宿』)と彼女は書いている。

だが、ある日彼女は、それまでの人生とそこに隠れていた意味を瞬時に見るような経験をする。

それは、五月の半ばの暑い日の夜、ヴェネツィアの劇場前にさしかかったときに起った。ふいにスピーカーからオペラのアリアが流れ、広場ではてんでんばらばらな男女の群れが聴きほれている。「魔法のように目前にあらわれたその光景と、それを包んでいる音楽が、忘れかけていた古い記憶にかさなった」(『ヴェネツィアの宿』)と彼女は言う。

「古い記憶」とは彼女のそれではない。もっと古い、この土地に生きる無数の人々によって生きられた「古い記憶」である。ここでの「記憶」は過ぎ去らない。過ぎ行く時間にではなく、過ぎゆかない「時」に根ざしている。

この日にあったヴェネツィアの夜の出来事は、これまでにも彼女に「時」の介入があったことを教える。経験に意味が潜んでいたとしても、それが認識されるには時間の経過を要することがある。砂糖水を飲もうと思う者は、砂糖が水に溶けるのを待たなくてはならないと、ベルクソン(一八九五〜一九四一)はいった。かつてアヴィニョンに始まった出来事が、月日を経て、ヴェネツィアでその全貌を顕わす。

若き日、夏の夕方、南フランスの古都アヴィニョンで、噴水のある広場を友人と通りかかったときだった。ヒッピーのような若者たちが楽器を奏でながら歌っている光景に遭遇する。見た目はまったく今風に映るが、響いてくる声は違った。このときも、調べは、「時」の古層から発しているように感じられていた。音は、時空の束縛を切り開き、彼方なる世界を垣間見せてくれるように思われた。
アヴィニョンでの出来事を想い出した須賀は、「あ、中世とつながっている。そう思ったとたん、自分を、いきなり大波に舵を攫《さら》われた小舟のように感じた」と彼女は書いている。そして、それまでの境涯を象徴するようなヴィジョンに遭遇する。生きていることの意味が、啓示のように舞い降りて来る。

とうとうここまで歩いてきた。ふと、そんな言葉が自分のなかに生まれ、私は、あのアヴィニョンの噴水のほとりから、ヴェネツィアの広場までのはてしなく長い道を、ほこりにまみれて歩きつづけたジプシーのような自分のすがたが見えたように思った。
（『ヴェネツィアの宿』）

「見えたように思った」と控えめに記されているが、彼女のもう一つの眼には、彷徨しながら、懸命に生きてきた自分の幻像《ヴィジョン》が、痛々しいまでにはっきり見えたに違いない。「とうとうここまで歩いてきた」と書いているように、このとき彼女は、自分で歩いてきたあとに、細いがしかし、たしかに「長い道」ができていることに気が付く。それは誰に代わってもらうこともできない、自分で歩かなくてはならない道だったことを知る。「ジプシー」とは須賀にとって、さまよえる人々を意味しない。それは真実の前にはいつも徒手空拳である、高貴な人間の生きざまを意味している。

自分に合う「靴」は必ずある

晩年になっても、「歩く」ことは、須賀にとっていつも特別な意味をもっていた。なっても、というのはおそらく精確ではない。人生の晩節に至ったからこそ、「歩く」ことのかけがえなさが、彼女の文章で、いっそう鮮明に現れてくる。生前最後の著作となった『ユルスナールの靴』は次のような文章から始まる。

きっちり足に合った靴さえあれば、じぶんはどこまでも歩いていけるはずだ。そう心のどこかで思いつづけ、完璧な靴に出会わなかった不幸をかこちながら、私はこれまで生きてきたような気がする。行きたいところ、行くべきところぜんぶにじぶんが行っていないのは、あるいは行くのをあきらめたのは、すべて、じぶんの足にぴったりな靴をもたなかったせいなのだ、と。

（『ユルスナールの靴』）

ここでの「靴」は、これまで見てきた「哲学」と同義である。それは狭義の「信仰」や道徳、倫理を超える。裸足の人間が大地を踏みしめたときに感じる、存在の根源との不可視な連帯のことでもある。

人間は、「靴」を作り出すことはできない。それは発見すべき何ものかなのである。誰にとっても、自分に合う「靴」は必ずある。むしろ、あるからこそ私たちは生きている。それが何であるかを確かめること、それが須賀敦子にとっての「歩く」ことだった。

歩いた先に、彼女が何を見出したかはあまり問題ではない。私たちが見つけなくてはならないものは、おそらく彼女が見たものとはまったく異なるものだからだ。しかし、彼女の歩く姿は、目に焼き付けておいてもよいかもしれない。

彼女は転ぶことを恐れなかった。しかし、転んだあと、立ち上がることをばかばかしいと思うようになることを恐れた。彼女には歩くのを止めることができない理由があった。その先に待っている人がいた。

作家須賀敦子のデビュー作は『ミラノ　霧の風景』である。そのあとがきの最後にはこう記されている。「いまは霧の向うの世界に行ってしまった友人たちに、この本を捧げる」。「霧の向う」には友人だけでなく、夫ペッピーノがいる。この作品に限らない。彼女はいつも、霧の彼方で暮らす人々にむかって文章を書いていた。

一九九三年、人生の晩節に書かれた「霧のむこうに住みたい」と題するエッセイの終りに彼女は、いささか唐突に次のように書いている。

こまかい雨が吹きつける峠をあとにして、私たちはもういちど、バスにむかって山を駆け降りた。ふりかえると、霧の流れるむこうに石造りの小屋がぽつんと残されている。自分が死んだとき、こんな景色のなかにひとり立ってるかもしれない。ふと、そんな気がした。そこで待っていると、だれかが迎えに来てくれる。

須賀敦子が探していた「靴」は、この世で歩くことに耐えるだけでは不十分だった。それは「霧の向う」でも、はけるものでなくてはならなかったのである。

第二章　彫る　舟越保武の「かたち」が照らす光

©共同通信社

呼応する彫刻と文章——高村光太郎との出会い

帰ろうとしてドアノブに手を掛けたときだった。

「昨日のテレビ番組を見たか。舟越さんはすごいな。『ゴルゴダ』と『その人』はすさまじい」と後ろから興奮気味な声が聞こえて来た。話しかけてきたのは井上洋治神父（一九二七～二〇一四）で、舟越さんと、井上神父が言うのは、現代日本を代表する彫刻家のひとり舟越保武（一九一二～二〇〇二）である。

二〇一四年三月、井上洋治は逝った。日本人にとってキリスト教が母なる宗教になり得るかを、自らの人生で問い、また、証ししようとした生涯だった。井上は、優れた宗教者であると共に神学者でもあり、詩人でもあった。親友だったのは遠藤周作である。井上の根本問題はそのまま文学者としての遠藤の問題でもあった。舟越保武は、その問題を彫刻という場所で試みたのだった。

舟越保武は、一九一二年に父保蔵の三男として岩手県二戸郡に生まれた。保蔵は、熱心なカトリックの信者だった。父は保武が十六歳のときに亡くなる。だが、保武が家族とともに洗礼を受けるのはそれから二十余年後である。きっかけは生まれて間もない長男一馬がなくなったことだった。

洗礼を受けた動機と時期が端的に物語っているように、舟越の人生において死者は、常に彼の傍らにあった。彼は祈るたびに一馬を思ったのではなかったか。父親との関係もまた、生前よりも、死者となった彼との間で著しく密になっていった。そうした不可視な同伴者との関係の深まりは、芸術家として、また、信仰者としての彼に甚大な影響を与えることになる。

のちに画家となる松本竣介（一九一二〜一九四八）と出会ったのは、中学生の頃だった。あいだに何年か別な地域で暮らした期間はあったが、舟越と松本は文字通りの生涯の友だった。松本が三十六歳で亡くなる。後に舟越は「彼〔竣介〕がもっと生きていてくれたら、私はも少しましな彫刻家になっていた筈なのにと、人のせいにしてはいけないが、本当にそう思っている」(「竣介追憶」『舟越保武全随筆集　巨岩と花びら　ほか』)と書いた。

　芸術的身体というものがあるとすれば、二人は互いの半身だった。舟越保武と松本竣介の間にある問題は、日本の精神史を考えるときに見過ごすことはできない。二人の作品は共に、私たちが暮らすこの世界、あるいはそれを認識していると信じている五感が共に、実在するものの一部しかとらえていないことを教えてくれる。世界が多層的に存在し、人間は五つをはるかに超える感覚が付与されていることを気づかせてくれる。

　舟越は、二度の受験の失敗を経て、東京美術学校(現在の東京芸術大学)に進んだ。このとき、のちに同じく彫刻家になる佐藤忠良と出会う。佐藤との関係も、松本とは別なかたちで、しかし、終生変わらずに続いた。後年二人は、『彫刻家の眼』と題する、表現者の告白と吐露に満ちた興味深い対談集を出している。舟越は、世界にも認められた秀逸な彫刻家であると共に、きわめて優れた文章家でもあった。エッセイ集も複数あり、愛読者も少なくない。彫刻より先に彼の文章に打たれるといった場合もあるだろう。私自身はそうだった。

　一九八七年七十四歳のとき、舟越は脳血栓で倒れた。その後彼は右半身不随になり、車椅子での生活が始まる。左手しか動かすことができない。それも自由に、というわけにはいかない。冒頭でふれた番組は、そんな身体で創作する姿も映し出していた。

　大きな粘土の塊を目の前に置き、彼はそれを彫る。彫るというよりも、そこから何かを掘り返すかのように左手を動かしていた。そうして作られたのが「ゴルゴダ」であり「その人」だった。

ゴルゴダ——昨今は「ゴルゴタ」という——は地名である。あるとき、この場所で、十字架にかけられ処刑された者がいた。一群の人々はその人をキリストと呼んだ。舟越の作品もまた、この出来事に由来する。二つの作品はともにイエス・キリストの顔をかたどった作品である。

病に倒れる以前にも彼は、イエス像を作ろうとしたことがあった。デッサンが残っている。だが、どうしてもかたちにならなかった。彫刻家である彼にとってイエスの姿を彫り得るか否かは、ほとんど自らの信仰の根源を問い質《ただ》す営みだったと考えてよい。それは、書き手がイエス伝を書くことに似ている。

彫刻と文章はまったく異なる、という意見もあるだろう。しかし、それらは表層の差異を超えてはるかに近いように感じられる。むしろ、近代の日本は彫ることと書くことを分かちがたく生きた人物によって切り拓かれた。高村光太郎(一八八三~一九五六)である。彼は、優れた詩人でありながら時代を画した彫刻家でもあった。

「考える人」を作った彫刻家オーギュスト・ロダン(一八四〇~一九一七)の語録『ロダンの言葉』との出合いが舟越の生涯を決めた。訳者は高村光太郎だった。偶然、兄がもっていたこの本を保武が病床で読み、捉えられる。ロダンよりも、それを日本語にした高村の世界に魅せられたのだった。抗しがたい力によって「捉われた」のである、と彼は一度ならず書いている。以後高村は、舟越の意中の人になった。

長女が生まれたとき舟越は、突然、高村を訪ねる。そして、自分も彫刻家を志していると自己紹介をし、娘の名付け親になって欲しいと願い出る。高村は承諾するのだが、しばらく考えさせてほしいという。そして光太郎が告げたのが「ちえこ」だった。舟越の長女は千枝子という。著述家として活躍している末盛千枝子である。この名前は『智恵子抄』にその名前が刻まれている光太郎の妻智恵子から来ている。智恵子のもっていた深い情愛がそのまま受け継がれ、彼女が背負わなくてはならなかった試練が繰り返されることのないようにと、漢字を変えて「千枝子」になった。

それ以後も舟越は、高村の講演に足繁く通い、酒を間に語らう機会を幾度も持った。若いときのこうした出会いは人生を決定する。舟越の生涯を考えるとき、高村との出会いは、彫刻家であることにとどまらず、絵画、文章など形式を問わず、表現者である彼の根本的な精神を形成する出来事となっていることがわかる。

高村光太郎は、詩人なのか彫刻家なのか。詩人たちは彫刻家だといい、彫刻家たちは詩人だという。高村は自身を彫刻家だといっていたらしい、そう書きながら舟越はこう続けている。

人の心に映るすべての生命の存在を凝視する、高い視点から生まれる想いが、詩心であり、これを源にして、言葉になれば詩であり、形になれば絵になり彫刻になるのだと思う。

高村さんの場合は、それがある時は形となり、ある時は言葉になったのだ。ここには、表現手段の違いだけがあって、二つの別なものとして分けられるものではない、と私はそんなふうに考えていた。

（「高村光太郎と岩手」『舟越保武全随筆集　巨岩と花びら　ほか』）

ここで語られている舟越の、あるいは高村の実感を、一度引き受けてみなければ、開かれてこない地平がある。

言語とかたちという姿が異なる表現のなかに、著しい呼応があり、同調がある。高村の詩を完成させるのは彼の彫刻であるかもしれない。逆に、彼の彫刻を満たすのは彼の詩なのかもしれない。彫刻が、小説家のもっとも優れた批評になったという例は、かつてフランスでもあった。それを実現したのも、やはりロダンだった。批評家アーサー・シモンズ（一八六五〜一九四五）はバルザック論の冒頭を次の一節で始めている。

バルザックを完全に理解した最初の人はロダンであったが、ロダンが自分自身の考えを認識するのには一〇年かかった。フランスは、ひとりの小説家が夢想者として表現されているような彫像を拒否していた。〔中略〕バルザックが生まれてもう一〇〇年以上も経っている。一〇〇年というのは、賞賛をもって誤解されるのには長い年月である。

（『象徴主義の文学運動』山形和美訳）

彫刻家を通じるとき「かたち」は無上の語り手となる。むしろ、「かたち」というコトバを、意味の深みを浮かび上がらせることができる人物を彫刻家と呼ぶべきなのかもしれない。

光を招き入れる彫刻

「ゴルゴダ」以前に作られた舟越の作品は、繊細さと静謐のなかに、在ることの強靱さを表現していた。彼は女性像をよくしたが、その優美なる造形のなかに、苛酷な試練にも屈しない意志が表現されていた。

これらの作品群は、私たちの暮らす世界の次元が唯一つなのではなく、この時空をささえている別世界があることを教えてくれる。ゆっくり見ることを厭わない者は必ず、その像によって示されている事象だけでなく、存在の深みからその像を照らし出す光にも、同時に気が付かされる。それらのなかでも自身で「作ったものの中で、いちばん気に入っている」といったのは、「病醜のダミアン」だった。

ダミアン(一八四〇～一八八九)は、ベルギー人の神父である。彼は修道院からハワイに派遣される。この地で彼は正式に司祭になった。当時、ハワイ諸島の一つモロカイ島は、ハンセン病者を隔離していた場所だった。彼は誰も顧みることのないこの場所で働くことを志願する。

「病醜のダミアン」は今日、「ダミアン神父」(岩手県立美術館蔵)あるいは「ダミアン神父像」(埼玉県立近代美術館蔵)と題名を改められて美術館に展示されている。「病醜の」という表現が、像を見る者にハンセン病への誤解を生むと考えられたのである。

その意見は尊重されなくてはならない。事実、この病をめぐって私たちは、多くの誤認のもとにその病を背負った人々に苦しみを強いてきた歴史がある。埼玉県立近代美術館では、この像をめぐって話し合いが行われ、改題し、ハンセン病についての解説が添えられて常設展示されている。

ハンセン病は、今日では完治するだけでなく、早期発見できれば発症を抑えることもできる。だが、当時は違った。文字通りの不治の病だった。ハンセン病に侵された肉体はどんどん変形してゆく。手足の指、目、鼻、耳など、外にむかって出ているところを病魔が襲う。このころ病を患った人々の多くは、身体に著しい損傷を負いながら死を待たねばならなかった。今ではハンセン病の伝染力が極めて弱いことも確認されている。しかし、当時の人々は、感染するのを恐れて患者たちを隔離したのだった。

「棄民」という言葉がある。この言葉は江戸時代からあったが、それを現代によみがえらせたのは水俣の人々だった。「棄」には二重の意味がある。一つは「すてられ」た、そしてもう一方は「かくされ」ていることを指す。

一九五三年、熊本県の水俣市で、はじめて水俣病患者が発見された。原因が工場から垂れ流されている工業排水であることはすぐにわかったが、その後、国も地方自治体も、原因をつくった企業も、一向に根本解決に向けた手を打たなかった。病にかかった人々の多くは漁民とその周辺で生きている人々だった。海は汚され、仕事は奪われ、病は広がり、状況は困窮を極めていた。このとき病に苦しむ人々と家族を「棄民」と呼ぶようになった。ダミアンが向き合ったハンセン病の人々もまた、「棄民」だった。

「棄民」たちの生活改善を実現するため、ダミアンは熱心に働いた。次第に人々の生活環境は変化した。しかし、彼らとダミアンの関係は、それに比例するように変わっては行かなかった。むしろ彼には、見えない壁が高く、厚くなっていくようにも感じられた。このときのダミアンの境遇を舟越は「病醜のダミアン」と題するエッセイに記している。

神父が癩患者たちに向かって、如何にいたわりと同情の言葉をかけても、ほとんど聞かれなかったことが想像される。生きながらにして全身が腐っていくこの患者たちにとって、神父の説教など空々しく思われて、聞く気持ちになれないことは解るような気がする。

それは神父のその〔説教の〕時の「貴方たち、癩者は」という言葉に大きな意味がある。如何に同情し病人と共に涙を流したとしても、所詮、神父は癩者ではない。癩者にとってこの違いは、無限の隔たりを意味する。

悩みは深まる。そして彼は、自分も彼らと同じ病を生きない限り、この場所に来た目的は達せられないと思うようになる。

ある日、ダミアンは熱湯を足にこぼす。だが、熱さを感じない。このとき彼は、自分もまた、彼らと同じ病に罹っていることを知る。

この出来事は、ダミアンにとって絶望の体験とはならなかった。それを知って彼は安堵したという。この島にわたって十年の歳月が流れていた。このときのダミアンにふれ、舟越は先のエッセイで、あるダミアン伝の記述を引くようにこう書いた。

ダミアンの顔や手にいよいよ癩特有の徴候が現れた時、彼は初めて患者たちに向かって「我々癩者は」と言うことが出来た、と喜んで語ったと記されている。

舟越のダミアン像は、「病醜のダミアン」と題するように、罹患し、顔も手も大きく変形した姿になっている。若きダミアンは、世に言う美男子だった。病を背負った彼にその面影はない。だが舟越はこの結節で崩れ去った顔をめぐって、「美とか醜とか、そんなものを超えた強い気品を覚える」といい、また、「恐ろしい程の気高い美しさが見えてならない」とも述べている。

これらの言葉を、英雄的といってよい行為を行ったダミアンの讃辞として読んではならない。舟越の視座はまったく別なところにある。

彼は、「病醜のダミアン」を誰かに依頼されて作ったのではなかった。ただ、ダミアンの伝記を読み、その写真に写しだされた真実をどうしても自分が生きている時代に呼び起こさずにはいられなかった。現出させたいと彼が願ったのは、ダミアンだけではない。むしろ彼と共に暮らし、そして死んでいった名前も知られない人々ではなかったか。ハンセン病を生きた人々の中には、かつての日本もそうだったように、出自を隠すために改名を強いられていた人々も多くいたかもしれない。そうした自分を語ることなく生涯を終えた人々の生に「かたち」というコトバを付すこと、それが舟越の祈りにも似た想いではなかったのだろうか。

今日、ダミアンは聖者として崇敬を集めている。しかし彼を、聖なる光で照らし出しているのは病者たちである。別の見方をすれば、彼らこそ聖者ダミアンの母胎だった。舟越のダミアン像は、一人の神父の造形ではない。そこには無数の病者たちの姿が、不可視な姿で刻まれている。

優れた芸術は常に、個別の美を表現するだけでなく、その作品を在らしめている大いなる美の働きを同時に伝えている。ダミアン像だけでなく、彼のどの作品の前であっても、しばらくたたずむことを厭わなければ、人は、物体としての像と共に、もう一つの眼が、不可視な光を感じていることに気がつくだろう。

彫刻家は、光を彫り出すことはできない。しかし、光を招き入れることはできる。そのとき光は、至上の意味を伴なって見る者に降り注ぐ。舟越保武は、現代においてそれを実現し得た稀有な作り手の一人だった。舟越の作品は、光源の彫刻というにふさわしい。

「病醜のダミアン」からは献身と敬虔の精神が、秀吉のキリスト教の禁教令に従わず殉教者となった二十六人を象《かたど》った「長崎二十六殉教者記念像」からは熱情と祈願が顕われ出ている。また、島原の乱で戦死した無名の兵士を象った「原《はら》の城《じょう》」からは、死者の悲願ともいうべき沈黙の声が響き渡る。これらの作品にも十分に示されているように、「ゴルゴダ」以後の作品が作られることがなかったとしても、現代日本を代表する彫刻家としての評価は一向にゆるがない。

霊性とは何か

先の「ゴルゴダ」をめぐる会話があった当時井上神父は、毎週日曜日東京・東中野にあった自宅のマンションを開放してミサを行っていた。

今日、同様の活動をしている神父がいるかは知らないが、あの頃ではきわめて特例的な形態だった。神父の著作の読者、あるいは講演会などで出会った人あるいはそうした人々の家族、知人など縁のある数十人ほどの人々が集っていた。当時の私のような若者だけでなく、世代もばらばらだった。プロテスタントや仏教者もいた。キリスト教の洗礼を受けていない人も少なくなかった。

そうした人々に交じって、時折、遠藤周作がいて、安岡章太郎がしばしば姿を見せた。遠藤と神父は二十代にフランスへ留学したときからの関係で、文字通りの同胞であり、盟友だった。安岡章太郎も遠藤の友人である。だが、それだけが入信の理由ではもちろんない。ここで詳細にふれることはできないが、その作品を追うと、やはり安岡における信仰の道程が見られるように思う。また、ミサには出なかったが、福田恆存、河上徹太郎、田村隆一といった洗礼を受けることのなかったキリストに魅せられた人々も、彼のもとをしばしば訪れていた。

そこはすでに狭義の意味における組織としての「教会」ではなかった。むしろ、教会の原語であるギリシア語「エクレシア」が意味するように、一期一会の上に成り立つ一回限りの集いだった。その場所を井上神父は「風の家」と名付けていた。「風」は、新約聖書が書かれたギリシア語「プネウマ」に由来する。それは物理的な「風」を意味する一方、神の働きである「息吹」あるいは、三位一体の「聖霊」をも意味している。ときに彼は、プネウマを「悲愛の息吹」と訳してもいる。

何かを学ぶことと、何かを生きることは違う、そう井上神父は繰り返し話していた。前者は概念の認識だが、後者は実在の経験だからだ。どんなに知識を溜めこんでも人間は動かない。だが、魂を揺らす出来事に遭遇した人間は、前の場所に安穏としていることができない。

日本にキリスト教が根付くとき――問題はキリスト教に限定されないが――、その呼びかけを私たちは知性だけでなく、霊性において聴くことになるだろう。その声は、単に今日の私たちの在り方を規定している時代精神に向かってだけでなく、歴史によって培われてきた伝統への呼びかけでなくてはならない。

霊性と精神は違う、と鈴木大拙（一八七〇～一九六六）は書いている。ある時期、日本は「日本精神」なるものを声高に叫び、戦争へ突入していった。彼が言う「精神」とはときに時代や為政者と結びつく。しかし、霊性は違う。霊性は国家とは結びつかない。それはいつも個と「超個」との個的な関係である。したがって霊性はときに倫理の規範を超え、それを包含し、変容する。宗教的戒律の向こうにも、求め得る「道」があることを指し示す。

あえて、霊性という術語を用いたが、井上はこの言葉をほとんど使わなかった。むしろ、用いるのにきわめて慎重だった。「霊」の文字が読む人に誤解を与えはしないか、また、この文字が人々をかえって、霊性の問題を考えることから遠ざけているのではないか、というのである。

数年来、宗教学の分野だけでなく、哲学あるいは文学の世界でも霊性論がにぎわしい。しかし、一向にこの言葉は浸透していかない。「霊性を宗教意識と言ってよい」、また「霊性に目覚めることによって初めて宗教がわかる」とも大拙は書いている。しかし、大拙はこうも記している。「ただ、宗教というと普通一般には誤解を生じ易いのである」(『日本的霊性』)。「霊性」とはすなわち「宗教意識」であるという大拙にとって「宗教」は、けっして社会的集団としての「宗教」ではない。建物や教義、あるいは教団といった固定化されたものではなく、むしろ、万人のなかに脈々と生きている超越を求める本能のような働きだといえる。井上が感じている語感も大拙の認識にきわめて近い。宗教者として彼は、霊性という術語ではなく、あえて「求道心」という言葉を用いたい、としばしば語った。

霊性は神学に先立つ。どんなに優れた神学であったとしても霊性を無視することはできない。

むしろ、霊性が新しい神学を作る。それが大拙の、そして井上洋治の立ち続けた場所だった。また、霊性が不可視な、魂の出来事である以上、それは意識ではなく、深層意識の問題とならざるを得ない。

宗教体験を日常の言語で正確に表現することはきわめてむずかしい。宗教的体験は表層意識にではなく、深く深層意識にかかわっているものだからである。宗教的体験はその意味で、厳密には象徴的にしか表現することはできない。
（井上洋治『まことの自分を生きる』）

日ごろからそう感じていた井上が、舟越保武の「ゴルゴダ」と「その人」に強く動かされるのは必然だった。井上は、舟越の作品をテレビの画面で見る。彼はそこに意識の働きを超えたところにだけ生まれるコトバを読む。人間と超越、生者と死者、あるいはダミアンと患者たちの間で交わされていたのも、言葉であるよりコトバだろう。

からだの自由を奪われた舟越は、かつてのように言葉を書くことができない。彼は言語においては沈黙を強いられる。すると彼の手がコトバを語り始めたのだった。

隠れているものを掘り返すということ

「ゴルゴダ」と「その人」、この二つの像を見ていると、不自由な左手だからこそ実現できたのかもしれないと思えて来る。不自由な左手でなくては彫り出すことができない姿が、たしかに二つの像に浮かび上がっているのである。

「ゴルゴダ」のイエスは死に瀕している。苦難と苦痛とは何かをその姿は示している。だが、それは同時に、苦しみにあって、孤独にさいなまれてきたとき、舟越の心にまざまざと映じて来た随伴者の姿でもあったのではないか。ダミアンが病を身に受けたとき、自分が患者たちに寄り添っていたのではなく、むしろ、彼らがいつも自分の傍らにいてくれたことに気がついたように、舟越もまた、半身の自由を失ったとき、それまでに感じることができなかった実感をもって、イエスの臨在を感じたのではなかったか。

『日本とイエスの顔』と題する著作が井上洋治の主著であるように、彼にとって「顔」は単なる比喩以上のものだった。井上にとって信仰の深まりは、自身の心にまざまざとイエスの「顔」が映じてくることを意味した。ここでの「顔」とは、面影という日本語がそうであるように、物理的な顔であると共に、見えるものを在らしめている不可視なものを含んでいる。それはさまざまなかたちをもって私たちに呼びかける。

「顔」は、彫刻家舟越保武の主題である。「顔」以外の像をつくらなかったわけではないが、作家としての初期から最晩年まで、舟越は「顔」を彫り続けた。彫るという営みに関して、舟越は一風変わった認識を抱いていた。エッセイで彼は、次のように書いている。

不定形の荒石を前にして、この石の中に、自分の求める顔が、すでに埋もれて入っているのだと自分に思い込ませて、仕事にかかるのだが、石の中にある顔を見失うまいとする心の緊張があった。

作業としては、中にある（と思い込んだ）顔を包んでいるまわりの部分を取り除けば、顔が現れて来る訳だ。言葉としては簡単だが、いざ彫りはじめると、石彫の技術と、その工程に邪魔されて、中にある形を見失いそうになる。

たしかに見えていた筈のその顔が、私の前に現れるのを恥じらって、なかなか現れてこない。作業はいつも捗らなかった。

（「石のかけら」）

彫刻家の仕事は、石に像を刻むことではない。石から像を彫り出さねばならない、というのである。彼の言葉を借りれば「すでに埋もれて入っている」何ものかを掘りおこすことが、彼にとっての造形だった。彼にとって芸術活動とは、創造であるよりも発見だったといってよい。それは、何かを生み出すことではなく、隠れているものを掘り返す行為だった。

彫ることは彼にとって生きることと同義だった。私たちの多くは、そうした人生を送っていない。しかし、生きるということもまた、何かを「彫る」ことに似てはいないだろうか。それはやはり、創造であるよりも、大いなるものの発見なのではないだろうか。

第三章　祈る　原民喜の心願

©共同通信社

寄り添うように書かれた「夏の花」

仕事帰り、地下鉄の改札を通ろうとしたとき、突然、原民喜（一九〇五〜一九五一）の「夏の花」が無性に読みたくなって書店に立ち戻った。職場は、大きな書店が立ち並ぶ地域にある。自宅には、全集も、異なる出版社から出ている文庫も揃えてあるのだが、それでも今、電車の中で読みたいという衝動を抑えられない。

一軒、二軒と見ても、刊行中の文庫がない。さらに数軒の書店を回ったが結果は同じだった。八月六日も遠くない。書店に行けば、この原爆投下直後の広島を描いた秀作は必ず平積みになっていると勝手に想定していた。それが独断に近い思いに過ぎなかったことは、本が簡単に入手できなかったことが示している。

語りの言葉が、それを聞く者のうちで結実するように、書かれた言葉は読まれることによって完成する。作品は、書き上げられてからも変貌する。書かれた文字に変化はないが、読まれることで新生する。書き手が言葉に刻んだ光景が真によみがえるのは読者の心のうちである。作品を完成させるのは書き手の仕事ではない。その営みは、読み手に託されている。

「夏の花」が原民喜の作品群の中だけでなく、近代日本史に残る一作であることは論を俟たない。しかし、名作がいつの時代にも読まれているとは限らない。その日はやる方のない憤りを覚えたが、少し時間が経つと、なぜ今日のような状況が生まれているのかに関心が移り、気がつけば広島に来ていた。

何度目の平和記念公園だろう。ともあれ、この時はまったく別な場所を訪れたように感じられた。かつては、この場所に立つたび、原爆投下という過去の出来事をどうにか思い返そうとしていたように思う。

広島に生を受けたわけでもなく、時代的にも重ならないのだから、記憶などあろうはずはない。原爆に関しては、文献や映像を通して知っているに過ぎず、それがどんなに積み重なっても、原爆に「ついて」の知識が折り重なるだけで、原爆「を」知ることなどあり得ない。そう反省して、知り得ないものの前に向き合うのだと思い直していた。

だが、このときは、ある衝撃をもって迫りくる感覚を否むことができなかった。それは感覚というよりも、感情の粒子ともいうべき何かで、こちらの準備さえ整っていれば、それらと言葉を交わすことすらできるように思われた。自分の心の奥にある、自分も知らない古い、しかし古びることのない記憶が、自分の何かと共振するように感じられた。日ごろは自分ですら容易に感じない心の奥に密やかな呼びかけを感じたのである。

一九四五年八月六日の朝八時十五分、広島に原子爆弾が投下され、原爆ドームのそば上空六百メートルで爆発した。そのとき原民喜は、当時暮らしていた長兄の家のトイレにいて、一命を取り留める。ほかの場所にいたら爆死していた可能性が高い。もちろん、このとき彼は、何が起ったのかを知らない。ただならぬことが、それも天災とはまったく違う出来事が起こったことだけは感じられている。家族の安否を確認すると彼は、親族の無事を確認するために町に出る。そこで目にした光景を彼は「夏の花」で、次のように活写している。

水に添う狭い石の通路を進んで行くに随って、私はここではじめて、言語に絶する人々の群を見たのである。既に傾いた陽ざしは、あたりの光景を青ざめさせていたが、岸の上にも岸の下にも、そのような人々がいて、水に影を落していた。どのような人々であるか……。男であるのか、女であるのか、殆ど区別もつかない程、顔がくちゃくちゃに腫れ上って、随って眼は糸のように細まり、唇は思いきり爛れ、それに、痛々しい肢体を露出させ、虫の息で彼等は横わっているのであった。私達がその前を通って行くに随ってその奇怪な人々は細い優しい声で呼びかけた。「水を少し飲ませて下さい」とか、「助けて下さい」とか、殆どみんながみんな訴えごとを持っているのだった。

「言語に絶する人々の群」と書かれているところに、一切の誇張はない。「夏の花」は原爆の記録であるよりも、言葉では、とうてい語り尽くすことのできない出来事の証左だというのだろう。

ここで原は、一切の固有名を出していない。むしろ、爆弾の熱波で全身を溶かされ、性別も年齢もほとんど区別がつかない姿になった人々を描き出している。だが、名前や姿など個人を特定するものに言及されていないにもかかわらず、個々の人間から眼を離そうとしない原の態度ははっきり感じられる。悲嘆はいつも、個の魂によって営まれる。彼は、状況だけを語らない。苦しみと嘆きの声に寄り添おうとする。

「夏の花」の原型となる記録文書で、全集では「原爆被災時のノート」と呼ばれている原の手記がある。これは原爆投下の翌日から始められ、およそ二週間にわたって書き続けられた。

ノートの実物を見たことがある。手のひらほどの小さなノートに原は鉛筆で細かい字を刻んでいる。原は、原爆による大きな外傷を受けることはなかったが、飢餓が彼を襲う。

戦後「夏の花」が単行本として公刊されたとき、その後記に彼は、「罹災直後、ひどい衰弱と飢餓のなかで私はまず『夏の花』を書いた」と記している。手記はそうした中で書かれた。そこには次の一節がある。

水ヲノム　石段下ノ涼シキトコロニ　一人イコフ　我ハ奇蹟的ニ無傷ナリシモ　コハ今後生キノビテコノ有様ヲツタヘヨト天ノ命ナランカ　サハレ仕事ハ多カルベシ

水を飲む、といっても蛇口から出る水をコップで飲んだのではない。「夏の花」で描かれた場所を歩いたことがある。原は自宅を出て、東照宮という神社まで逃げてきた。この場所の石壁からはわずかに水が湧き出ていたのだった。あるいは水路に溜まっていた水に口をつけたこともあっただろう。

このノートには、小説の中核的な出来事はほとんど記されている。だが、「夏の花」には、川の水を飲む者、わずかに漏れ出す水道に群がる人々は描かれているが、主人公が市中で水を飲む場面はない。このとき原はどんな思いで水を飲んだのだろう。無数の人々が渇望する水を、彼は飲んでいる。水は、作家を生かした。

「見る」ということは祈りにも等しい

主人公は川岸の径に座る。「今、ふと己が生きていることと、その意味が、はっと私を弾《はじ》いた。／このことを書きのこさねばならない、と、私は心に呟いた」と「夏の花」には記されている。

さらに、「夏の花」のあとに記された「死と愛と孤独」と題する小品でも原は、「原子爆弾の惨劇のなかに生き残った私は、その時から私も、私の文学も、何ものかに激しく弾き出された。この眼で視た生々しい光景こそは死んでも描きとめておきたかった」と書く。

彼は、生と死の境界を彷徨する自分を強く現実界に「弾き出」す力を感じる。このとき彼はこの力が何であるのか、はっきりとは分かっていない。だが、自分が目の当たりにしている現実を書くことが天命であることを知る。その責務は必ずやわが身を超えるだろう、そうであれば、わが身を捧げなくてはならない。先の「天ノ命ナランカ　サハレ仕事ハ多カルベシ」とはそうしたことを含意している。

その言葉通り、原の一生は、献身の生涯だったといってよい。「鎮魂歌」と題する小説では、幾度となく次の一節が繰り返される。「自分のために生きるな、死んだ人たちの嘆きのためにだけ生きよ」

言葉は原にとって、何かを表現するものであるより、表現することができない何ものかの周辺を縁取るものだった。見える言葉の力を借りて、見えない意味を現出させることが彼の使命だった。彼にとって文学とは、言葉になり得ないものを、コトバに刻むことだったのである。

コトバとは、存在の深みにあって、そこから何が生まれるか容易にうかがい知れない、塊となった根のような何ものかである。

先に引いた「夏の花」の一節には次の言葉が続く。

「おじさん」と鋭い哀切な声で私は呼びとめられていた。見ればすぐそこの川の中には、裸体の少年がすっぽり頭まで水に漬《つか》って死んでいたが、その屍体《したい》と半間も隔たらない石段のところに、二人の女が蹲《うずくま》っていた。その顔は約一倍半も膨脹し、醜く歪み、焦げた乱髪が女であるしるしを残している。これは一目見て、憐愍《れんびん》よりもまず、身の毛のよだつ姿であったが、その女達は、私の立留ったのを見ると、

「あの樹のところにある蒲団は私のですからここへ持って来て下さいませんか」と哀願するのであった。

見ると、樹のところには、なるほど蒲団らしいものはあった。だが、その上にはやはり瀕死の重傷者が臥していて、既にどうにもならないのであった。

ここに書かれているように、状況は「既にどうにもならない」。一人を助けることはもう一人を放置することになる。苦しむ誰かに寄り添うことは、苦痛を訴える誰かから目をそらすことになる。それればかりか、人の痛みを和らげるために何の術も物も持っていない者に一体何が

できようか。だが、原は見る、陰惨な出来事からけっして目をそらさない。『古事記』が書かれた、古《いにしえ》の日本で、「見る」とは、単に対象物を目撃することではなく、その存在の深みにふれることだった。「見る」ことは、ただ相手の姿を眺めることではなく、その魂にふれることを意味した。「国見」とは、国の風景を見ることではなく、その場所の地霊と交わることだった。原は、爆心地の光景と苦しみを文字通り、目に焼き付けるほどに「見る」。彼の目は、自己の魂が耐えられないほどの苛烈さで、苦しむ人々を見た。このとき、人間にとって「見る」とは、すでに高次な無私の営みとなる。

「見た」のは、彼ばかりではない。「夏の花」には、主人公の知人と思われるNが、燃えた街に妻を探す光景が描き出されている。

Nはまず、妻が勤務していた女学校へ行く。教室の焼け跡には骨になった生徒がいる。校長室には校長だと思われる白骨がある。だが、彼の妻らしき人にはついに出会えなかった。彼は慌てて自宅へ戻る。家屋は崩れてはいたが、火災は免れていた。だが、そこにも妻の遺体はない。次に彼は、自宅から女学校までの道に横たわる無数の遺体を一つ一つ確認する。そして小説は次のように続く。

> 大概の死体が打伏せになっているので、それを抱き起しては首実検するのであったが、どの女もどの女も変りはてた相をしていたが、しかし彼の妻ではなかった。しまいには方角違い

の処まで、ふらふらと見て廻った。水槽の中に折重なって漬っている十あまりの死体もあった。河岸に懸っている梯子に手をかけながら、その儘《まま》硬直している三つの死骸があった。バスを待つ行列の死骸は立ったまま、前の人の肩に爪を立てて死んでいた。郡部から家屋疎開の勤労奉仕に動員されて、全滅している群も見た。西練兵場の物凄さといったらなかった。そこは兵隊の死の山であった。しかし、どこにも妻の死骸はなかった。

Nはいたるところの収容所を訪ね廻って、重傷者の顔を覗き込んだ。どの顔も悲惨のきわみではあったが、彼の妻の顔ではなかった。そうして、三日三晩、死体と火傷患者をうんざりするほど見てすごした挙句、Nは最後にまた妻の勤め先である女学校の焼跡を訪れた。

この人物は、いつまで妻の姿を探し続けたのだろう。彼はおそらく、妻を見つけることはできなかったのではなかったか。また、この微細な、といってよい描写は、どのような経験を経て、私たちにもたらされているのだろう。「夏の花」の主人公もまた、彼と共に、彼の妻を探したのだろうか。この人物にとって、妻の遺体を「見る」ことは、単なる生存確認以上の意味があったことは明らかだ。このとき、彼らにとって「見る」とは、祈るに等しい。

ここでの祈りとは、自己の願いを口にすることではない。ただ、ひたすらに苦しむ人の声を聞き、その出来事を言葉によって世界に定着させることである。祈りは、願いではない。むしろ、祈るとは、願うことを止め、何ものかのコトバを身に受けることではないだろうか。次の光景にも、無私の祈りを見る思いがする。祈りは、けっして形を定めない。

死体は甥の文彦であった。上着は無く、胸のあたりに拳大《こぶしだい》の腫れものがあり、そこから液体が流れている。真黒くなった顔に、白い歯が微《かす》かに見え、投出した両手の指は固く、内側に握り締め、爪が喰込んでいた。その側に中学生の屍体が一つ、それから又離れたところに、若い女の死体が一つ、いずれも、ある姿勢のまま硬直していた。次兄は文彦の爪を剥ぎ、バンドを形見にとり、名札をつけて、そこを立去った。涙も乾きはてた遭遇であった。

（『夏の花』）

必要なものを持ち、待っている者たちのところへ赴かなくてはならない父親は、遺体を引き取ることができない。彼は、動かなくなり、容易に判別することができない姿になった息子の爪を剥ぎ、遺品にする。ズボンのベルトは形見になり、名札は墓石になった。父親は、息子の死が安らかなることを願うよりも、死者となった子供の声にならない「声」を、何とか身に引き受けようとしている。

爪は通常、容易にはがれない。だが、放射線と熱波を浴びた人々の爪は、変形し、皮膚から剝離する。広島平和記念資料館には、今も文彦と同様に遺品となった爪が展示されている。爪を取ることができない人々は髪を切った。身体は滅ぶ。だが、身体こそ、この世で不滅の魂を護ったものなのである。肉体は、魂の器である、そのことにおいて貴い。人が死に、何者かによって、肉体の一部であれ愛惜の念をもって手に取られるとき、それは魂の分《わ》け身として世界に刻まれる。

かけがえのない個が語るもの

原民喜の文学には、狭義の意味での宗教の跡はない。しかし、祈りは遍在している。むしろ、彼は祈りのなかで書いている。彼にとって書くことが祈りだったというよりも、何ものかの「訪れ」に導かれるなかで、彼の作品は生まれている。祈るとは、本来的に受動の営為ではないだろうか。超越にこちらの思いをぶつけることではなく、どこからともなく訪れる絶対の語りに耳を傾けることではないだろうか。それはときに、何ものかの訪れとして経験される。遺稿となった「心願の国」で原は、次のように何ものかからの呼びかけと来訪を描き出す。

ふと頭上の星空を振仰いだとたん、無数の星のなかから、たった一つだけ僕の眼に沁み、僕にむかって頷いていてくれる星があったのだ。それはどういう意味なのだろうか。だが、僕には意味を考える前に大きな感動が僕の眼を熱くしてしまったのだ。

どうして星が頷くことがあるだろうかと訝るのは易しい。だが、私たちは、彼が記したことをそのまま受け入れることもできる。愚かである、と人のいうところに至らねば見えてこない真実もある。星の動きを見て彼は、意味を考える前に動かされる。意味は、想念を通過する前に彼に届く。光は、私たちがその意味を考える以前に私たちの魂にふれる。

真暗な長いひだるい悲しい夜の路を歩きとおした。生きるために歩きつづけた。生きてゆくことができるのかしらと僕は星空にむかって訊《たず》ねてみた。自分のために生きるな、死んだ人たちの嘆きのためにだけ生きよ。僕を生かしておいてくれるのはお前たちの嘆きだ。僕を歩かせてゆくのも死んだ人たちの嘆きだ。お前たちは星だった。お前たちは花だった。久しい久しい昔から僕が知っているものだった。

（「鎮魂歌」）

ここでも彼は、「自分のために生きるな、死んだ人たちの嘆きのためにだけ生きよ」と繰り返す。星は原にとって、臨在する死者の象徴だった。彼を導く光は、死者たちによってもたらされた。原民喜を原爆作家と呼び、彼の作品を原爆小説と呼ぶ人々がいる。それは、原爆に遭遇しなければ「夏の花」をはじめとする秀作は生まれなかったという、あと付けの思考に過ぎない。原爆の経験は、彼にとって逃れがたい宿命だった。だが、その場所から彼は、原爆で亡くなった人々と共に、未知の死者にむかって開かれてゆく。

ハンセン病に苦しんだ北條民雄（一九一四〜一九三七）は、自分の文学が「癩文学」と称されることを嫌った。作品を見る前に人は病気を見る。病気は存在しない。それを背負う人間がいるだけだということを、北條は書いた。「原爆作家」「原爆小説」という符牒は、六十余年の歳月を経た今日、この作品に籠められている無音の響きを妨げているのかもしれない。「原爆小説」という言葉は、原爆の一語が本当は何を意味しているのか、私たちは何も知らないということを覆い隠すのである。

原爆の影響で苦しむ人は今日もいる。それが風化されるようなことがあってはならない。今もあり、かつてもあったのは、無数の個の苦痛と嘆きである。事実、原爆で何人の人々が亡くなったのか正確には分からない。何人の人が今も深刻な苦しみを生きているのかを誰も知らない。概念化、数量化は個体であることの尊厳を脅かす。「原爆」はどんな形であれ、概念として語られてはならない。死者を数に矮小化してはならない。

誰かに数として認識されることがあったとしても、個の尊厳はけっして失われないし、損なわれない。だが、感じられにくくなる。普遍への道はいつも、かけがえのない個の経験からしか開かれない。広島平和記念資料館には、原爆の熱波で全身に陰惨なやけどを負った人の写真がある。それを見る私は、彼、彼女の名前も年齢も知らない。だが、その写真は無名の、しかしかけがえのない個として私たちに迫ってくる。原は、自分が眼にした苦しむ人々に、「隣人よ」と呼びかける。

隣人よ、隣人よ、死んでしまった隣人たちよ。僕はあの時満潮の水に押流されてゆく人の叫声をきいた。僕は水に飛込んで一人は救いあげることができた。青ざめた唇の脅えきった少女は微《かす》かに僕に礼を云って立去った。押流されている人々の叫びはまだまだ僕の耳にきこえた。僕はしかしもうあのとき水に飛込んで行くことができなかった。……隣人よ、隣人よ。そうだ、君もまた僕にとって数時間の隣人だった。片手片足を光線で捥《も》がれ、もがきもがき土の上に横《よこた》わっていた男よ。僕が僕の指で君の唇に胡瓜《きゆうり》の一片を差あたえたとき、君の唇のわななきは、あんな悲しいわななきがこの世にあるのか。……ある。たしかにある。……隣人よ、隣人よ、黒くふくれ上り、赤くひき裂かれた隣人たちよ。そのわななきよ。死悶《しにもだ》えて行った無数の隣人たちよ。おんみたちの無数の知られざる死は、おんみたちの無限の嘆きは、天にとどいて行ったのだろうか。わからない、わからない、僕にはそれがまだはっきりとわからないのだ。僕にわかるのは僕がおんみたちの無数の死を目の前に見る前に、既に、その一年前に、一つの死をはっきり見ていたことだ。

その一つの死は天にとどいて行ったのだろうか。わからない、わからない、それも僕にはわからないのだ。僕にはっきりわかるのは、僕がその一つの嘆きにつらぬかれていたことだけだ。そして僕は生き残った。お前は僕の声をきくか。

僕をつらぬくものは僕をつらぬけ。僕をつらぬくものは僕をつらぬけ。一つの嘆きよ、僕をつらぬけ。無数の嘆きよ、僕をつらぬけ。

（「鎮魂歌」）

こうした言葉を心願というのだろう。天に届いたかはわからない。天が個々の嘆きを救ったのかもわからない。しかし、この身とこの魂は確かにつらぬいたと原はいう。嘆きを浴びたことによって彼は生きている。

先に「死と愛と孤独」で彼は「私も、私の文学も、何ものかに激しく弾き出された」と書いていたが、この小説の主人公を、あるいはそれを書いた原の生命を「弾いた」のは、隣人たちの悲嘆だった。

「おんみたちの無数の死を目の前に見る前に、既に、その一年前に、一つの死をはっきり見ていた」と原は書く。この一つの死、あるいは一人の死者が、無数の死者と自分を個別につなぐというのである。ここに「夏の花」の冒頭を重ね合せてみる。

私は街に出て花を買うと、妻の墓を訪れようと思った。ポケットには仏壇からとり出した線香が一束あった。八月十五日は妻にとって初盆にあたるのだが、それまでこのふるさとの街が無事かどうかは疑わしかった。恰度、休電日ではあったが、朝から花をもって街を歩いている男は、私のほかに見あたらなかった。その花は何という名称なのか知らないが、黄色の小瓣の可憐な野趣を帯び、いかにも夏の花らしかった。

この記述は、事実に基づいていると考えてよい。原の妻貞恵は、数年間の療養生活を経て、原爆が投下される前年に亡くなっている。

虫の知らせを受けたように原は、八月十五日の盆を前に花をもって墓参りに行く。周囲に人はいない。仏花は「黄色の小瓣の可憐な野趣を帯び、いかにも夏の花らしかった」。この一節にある「夏の花」が、作品名になっている。だが、それが何を意味しているのかは、小説では明らかに語られてはいない。

死者への手紙

原民喜は詩人である。小説「夏の花」が消えることなく歴史に刻まれようとも、彼が根源的な意味で詩人であることは変わらない。詩人とは、単に詩を書く者の謂いではない。むしろ、詩によって生かされている者への呼称である。その人物が書くものには狭義の形式の差異を超えて、いつも「詩」が潜んでいる。そればかりか、原民喜の文学には、詩という鍵がなければどうしても入ることのできない部屋がある。詩を鍵にして、この小説を別な層からかいま見るとき、読者はまったく様相の異なる光景を目の当たりにすることになる。

次の詩は、「碑銘」と題するとおり、今日は、原爆ドームのそばにある彼の詩碑に刻まれている。詩碑は、一九五一（昭和二十六）年十一月十五日に広島城跡に建てられた。原が、国鉄中央線の西荻窪と吉祥寺間の線路に身を横たえて自殺したのは、同じ年の三月十三日のことである。

碑は、もともとは広島城跡にあったのだが、後年、現在の場所に移設された。原は、没後、自分の詩碑が建てられるなどとは思いもしなかっただろう。書いた彼にとって「碑銘」とは、墓碑銘だった。墓碑銘とはすなわち、彼の魂の自叙伝だといってよい。

遠き日の石に刻み
　　　砂に影おち
崩れ墜つ　天地のまなか
一輪の花の幻

この詩が広く知られるようになったのは、原の没後である。亡くなった年に公刊された『原民喜詩集』に収められた。遺書のようなこの詩が、いつ書かれたのかはわからない。先にふれた詩碑の裏面に佐藤春夫が寄せた一文によると、この詩は、彼の遺書に添えられたいわば絶筆だとあるが、全集が整備された今日、それが必ずしも正確ではないことが分かっている。

前年の十二月二十三日、亡くなる三ヶ月ほど前、原は、中学校時代から親しくしていた詩人長光太への手紙に、この詩を題名を付さずに添え、書き送っている。「碑銘」が数ヶ月前にすでに書かれていたことが示すように、彼の自殺は衝動的なものではなかった。彼は十七通の遺書を書き、遺稿を整理し、残る者に託した。

詩は原にとって、作品であるより、手紙だった。義弟でもあった批評家の佐々木基一に宛てた遺書で原は「妻と〔死に〕別れてから後の僕の作品は、その殆どすべてが、それぞれ遺書だったような気がします」と記している。詩だけではない。彼にとってすべての作品は、妻への「手紙」だった。

妻は、文学者原民喜をもっとも早く、また、もっとも正確に認めた人物だった。彼女がいなければ原は、今日私たちが読むような詩も、小説も書くことはなかっただろう。書くとは、いつも一人の読者に向けての営みだが、原にとってそれは、字義通りの意味をもっていた。妻の生前だけではない。彼女の没後もそれは変わらなかった。原は、日々、亡き妻に語りかけるように言葉を紡いだ。

「遥かな旅」と題する小説で彼は、亡き妻に語りかけるように手記を書く男を描いている。「妻と死別れてから彼は、妻あてに手記を書きつづけていた。彼にとって妻は最後まで一番気のおけない話相手だったので、死別れてからも、話しつづける気持は絶えず続いた」。そして彼は、「慌しく変ってゆく周囲のことを、丹念にノートに書きつづけているうちに、あの惨劇の日とめぐりあったのだった」。

この手記は残っていない。原が残さなかったのである。だが、おそらく実在しただろう。そこにはごく日常のことも記されてある、と小説には書かれている。もし、手記を読むことがあったとしたら、異界に通じるコトバ、死者たちへの呼びかけ、あるいは死者たちからの呼びかけが、いかに生々しかったかを知ることになるだろう。原民喜の文学を読むとは、残された作品群に、この手記の片鱗を発見することでもある。次の一節は、小説中に記されている主人公の妻への手記である。彼は、「花」に亡き妻の幻を見ると記している。

焼跡に綺麗な花屋が出来た。玻璃《はり》越しに見える花々にわたしは見とれる。むかしどこかこういう風な窓越しに　お前の姿を感じたこともあったが　花というものが　こんなに幻に似かようものとは　まだお前が生きていたときは気づかなかった。

（「遥かな旅」）

この一節を、墓碑銘の最後と重ねてみる。「崩れ墜つ　天地のまなか／一輪の花の幻」と書いたとき原は、『神曲』を書いたダンテがベアトリーチェに迎えられたように、死にゆく自分を「天地のまなか」で迎え入れてくれる「一輪の花の幻」となった妻を思ったのではなかったか。幻と原がいうとき、それは幻影を意味しない。むしろ、実在を指す。詩人ウィリアム・ブレイクが「幻像《ヴィジョン》」というときに似ている。他の人々はそれを幻影だと感じたとしても、ブレイクにはヴィジョンこそが実在の顕われであり、五感が認識し得るのは存在の影に過ぎないと思われていた。それは原民喜も変わらない。彼もまたヴィジョンの人だった。

手記を書き進めるうちに主人公は、妻の生前、胸を貫いたある決意を想い起こす。「もし妻と死別れたら、一年間だけ生き残ろう、悲しい美しい一冊の詩集を書き残すために」と彼は思ったのだった。

古語では「悲し」はときに「愛し」と書き、また「美し」すら「かなし」と読んだ。かなしみの詩集をつくること、それだけが彼をこの世に引きとめていた。

私は歩み去らう　今こそ消え去つて行きたいのだ
透明のなかに　永遠のかなたに

この一節で終わる「悲歌」を詩集の最後に置き、一九五一年三月十三日、原民喜は逝った。

第四章　喪う『論語』の哀しみ

悲しみのなかにある「歌」

もっとも信頼した弟子顔淵《がんえん》（前五二一～前四九〇）が亡くなったとき孔子（前五五一～前四七九）は、呻きにも似た嘆きを顕わにした。「噫《い》。天《てん》、予《わ》れを喪《ほろぼ》せり。天《てん》、予《わ》れを喪《ほろぼ》せり」（先進第十二）、そう語ったと『論語』に記されている。

弟子の死をめぐるこの『論語』の一節は、後継者の死をもって、「道」が伝わらなくなった、それは自分が「喪《ほろ》んだ」に等しいことだと、解釈されることが多い。解釈としては間違えてはいない。しかし、この一節をじっと眺めていると、語意的な通釈とは異なる光景が浮かんでく

る。感嘆の発語のほかに、同じ言葉が繰り返されるほかないこの章句には、二千五百年を経た今でも、その哀しみの現場に読む者を引き込む迫力がある。言葉が時空の帳を破る音さえ感じられる。

本論では、『論語』の読みは特に断らない限り、吉川幸次郎（一九〇四〜一九八〇）の読み下し文を取る。漢語を読解する吉川の力量は、中国語を母語とする人も驚くほどの高みにあった。それればかりではなく彼は、言語の表層的な意味の奥に、伝統的意識ともよぶべき広大な思索の沃野が開けていることをはっきりと感じている。

先に見た『論語』の一節にあった「噫」の文字は通常、「ああ」と読まれる。『論語』を学校で習ったときも、「ああ、天、われをほろぼせり」と読むように教わった記憶がある。だが、吉川はそれをあえて、中国語の原音に従って「噫《い》」と読む。吉川は『論語』の注解に、「そのときの孔子の嘆息の声を、そのままにうつす」と書いている。この音の響きを通じて、現代日本の読者もまた、孔子の哀しみを感じることができると考えたのだった。

「喪せり」と書いて「ほろぼせり」と読むのだが、「喪」の原意は消え去る、あるいは消滅するといったものではない。「喪」は、慟哭の「哭」に、死者を意味する「亡」の文字が重なり合ったもので、死者を思い、哀しみ、哭《な》くことを示したと、白川静（一九一〇〜二〇〇六）は『字通』に書いている。

「喪」とは、ただひたすらに哀しみのうちに哭くこと、「哭く」とは、「犬」の文字が見えるように、悲しみのうちに叫ぶことである。声にならない思いを天にむかって、あるいは内心で呻くことである。喪において悲しむことと哭くことは不可分の営みとなる。

喪《うしな》うことと、哭くことは違う、喪っても人はだれもが哭いているとは限らないと言う人もあるだろう。だが、それが二つの行為に映るのは、喪うことを傍観する者の視座に過ぎない。この世には、五感を超えて存在する事象は数多《あまた》ある。

犬笛の音は人間の耳には聞こえない。コウモリは音波を感知しながら空を飛ぶ。ならば、理性によって不要なまでに自己を押し殺した現代人が容易に認識できない感情があったとしても、何の不思議もないだろう。声にならない、密かな呻きと共に哭く者もいるのである。呻きは明確な語意を持たない。それはしばしば見過ごされる。人は容易に人前では呻かない。悲しみが深まるとき、涙は枯れる。深い悲しみはいつも不可視な涙と共にある。『字通』によれば、「哭」の文字には、「泣くように葬歌をうたう」との意味も含まれているという。

このことをふまえながら、次の一節を読んでみる。「哭く」ことのなかに秘められた「歌」が聴こえてくる思いがする。

喪を哭するに礼があるとは、形式を守って泣けというのではない。秩序なく泣いては、人と悲しみを分つ事が出来ない、人に悲しみをよく感じて貰う事が出来ないからだ。人は悲しみのうちにいて、喜びを求める事は出来ないが、悲しみをととのえる事は出来る。悲しみのうちにあって、悲しみを救う工夫が礼である、即ち一種の歌である。

（小林秀雄『考えるヒント』）

悲しみは人をつなぐ。その働きを助けるのが「礼」である。だが、あまりの悲しみはときに心身を脅かす。喩えではなく、深い悲しみはときに、人から生きる意味を覆い隠す。だが、「歌」はそれを整え、悲しみの奥にこそ、生きることの真義が潜んでいることを伝えてくれる。「礼」とは、儒教の中核にある、不可視な言葉で綴られた一種の「歌」だと小林は言う。「礼」は悲しみの「歌」によって作られる。作られ続ける。それゆえに「礼」に参じたとき人は、自己の悲しみを超えた感情の訪れをも感じるのである。

実は、小林秀雄（一九〇二〜一九八三）がこの一節を書くとき、直接ふれているのは『論語』ではなく、本居宣長（一七三〇〜一八〇一）なのである。言葉をめぐる宣長の態度に寄り添うちに、突然、といってよいかたちでこの一節が現われる。だが、「喪を哭するに礼がある」の一節が暗示しているように、おそらく小林は同時に『論語』を想起している。

戦前から小林は『論語』をめぐる文章を書いているが、先に引いた『考えるヒント』の執筆を始めた一九五九年頃からいっそう深く『論語』に親しんだ。味読という言葉があるが、彼が『論語』の一節を引くところを見ると、食物を味わうように、言葉を玩味しているのが分かる。『本居宣長』で小林が論じているように宣長は、日本儒学に新たな一派古文辞学派を樹《た》てた荻生徂徠（一六六六～一七二八）から決定的な影響を受けている。宣長は徂徠の『論語徴』を全文写筆している。宣長はどこまでも漢意《カラゴコロ》を排することを説いたが、孔子は別だった。彼は孔子を「よき人」と呼んでいる。宣長は七十一歳のときにこんな歌を詠んだ。「聖人と　人はいへども　聖人の　たぐひならめや　孔子《くじ》はよき人」。世人は孔子を聖人といって崇めるけれども、孔子はそんな人ではない。孔子は「よき人」、もののあわれを生きた人だというのである。

もののあわれを知るとは、悲しければ、悲しみに意味を探ろうとする前に、どこまでも悲しみを感じ尽くそうとする本能を素直に生きることである。悲しみだけではない。あらゆる「情《ココロ》」の働きを、解釈せず、そのままに生きること、そこに生の充実を感じることである。「噫。天、予れを喪せり。天、予れを喪せり」、このとき、これ以上の言葉がここに連なっていたなら、宣長は孔子を「よき人」と呼ぶことはなかっただろう。

『論語』を前にして、宣長には宣長の、徂徠には徂徠の「読み」がある。日本だけでなく、孔子の故国中国はもちろん、今は欧米語圏でも『論語』の注解書は数多くある。この事実だけをとっても『論語』の今日性は疑いがない。古典の言葉は過ぎ行かない。過ぎ行くのは時代であって、言葉ではない。

孔子の喪の思想

『論語』は、孔子とその弟子たちの言行録で、全四百九十二章からなる。そのなかで顔淵の死に及び、孔子が発した言葉は、先に見た一節を含めて四度語られ、それらはすべて「顔淵死す」との一節から始まる。その中の一つに、慟哭する孔子の姿をまざまざと記したものがある。

顔淵死《がんえんし》す。子《し》、之《こ》れを哭《こく》して慟《どう》す。従《したご》う者曰《い》わく、子《し》慟《どう》す。曰《い》わく、慟《どう》する有《あ》る乎《か》。夫《か》の人《ひと》の為《た》めに慟《どう》するに非《あら》ずして誰《た》が為《た》めにせん。

（『論語』先進第十一）

弟子を喪った孔子はただ、「哭して慟す」。すると弟子が、孔子に向って言う。「先生、哭いていらっしゃいましたね」すると孔子は、そのときのことを覚えていないように、「そうか、私は哭いていたのか」と応えるのだった。そしてこう続ける。あの顔淵のために哭くのでなければ、いったい誰のために哭くことができようか。

「慟」とは、「心の哀痛が甚だしく、心の振悼すること」（『字通』）、声をあげて泣くこと、身をふるわせて嘆くことをいう。「振悼」における「振る」は、魂振り、との表現があるように、魂が動くことを意味する。「悼」の字は、振るい動かすことを示す。「掉」の文字の音は「動dong」に声が近く、「慟」と意味の淵源を同じくする。

「悼」はもともと死者を思う悲しみによって、抑えようもなく心がふるえることを指した。あるいは、「弔う」という文字も、通常「とむらう」とするが、「いたむ」、「あわれむ」、とも読む。そこには「なげく」ことが含意されている。

哀悼の意を示すと今日でも言うが、この言葉は、現代人が感じているように、人の逝去を思い静かに祈りをささげる、といった穏やかなことではなく、もっと烈しい情況を示す言葉だった。

儒教で定められている服喪の期間は三年である。その間、残された者は公の活動を控え、喪の衣裳をまとい、静かに暮らす。口を開くことすら慎まなくてはならなかった。

だが、孔子が生きている時代からすでに、三年間もの間「喪」の生活をする根拠と必然性に疑いを持つ者はいた。喪をめぐって、『論語』には次のような章句が残っている。「宰我」とは孔子の弟子の一人である。

「宰我《さいが》問《と》う。三年《さんねん》の喪《も》は、期《き》已《すで》に久《ひさ》し。君子《くんし》三年《さんねん》礼《れい》を為《な》さざれば、礼《れい》必《かなら》ず壊《やぶ》れん。三年《さんねん》楽《がく》を為《な》さざれば、楽《がく》必《かなら》ず崩《くず》れん。旧穀《きゅうこく》既《すで》に没《つ》きて、新穀《しんこく》既《すで》に升《な》る。燧《すい》を鑽《き》りて火《ひ》を改《あらた》む。期《き》にして可《か》なり」

服喪三年は長すぎる。三年もの間「礼」を顧みなければ、「礼」の伝統が損なわれる。「楽」、すなわち音楽による儀礼から遠ざかれば、その道は衰退する。穀物も毎年新たに実り、薪となる樹木も一年で新生する。喪の期間も一年で充分ではないか、というのである。主張はまったく合理的で、特段、論理のほつれもない。この問いに孔子は次のように応える。

「子《し》曰《い》わく、夫《か》の稲《いね》を食《くら》い、夫《か》の錦《にしき》を衣《き》る。女《なんじ》に於《お》いて安《やす》き乎《か》」。宰我よお前は服喪のときであっても、新しき稲を食べ、新しき衣を着ることに何の躊躇もないのか。理によれば服喪三年など愚かに思われるかもしれない。しかし情ではどう感じるのか、と師は問い返す。すると弟子はこう応える。「曰《い》わく、安《やす》し」。はい、何のわだかまりもありません、というのだった。その答えを聞くと孔子はこう言葉を続けた。

「女安《なんじやす》くば、則《すなわ》ち之《こ》れを為《な》せ。夫《そ》れ君子《くんし》の喪《も》に居《お》るや、旨《うま》きを食《くろ》うて甘《あま》からず。楽《がく》を聞《き》いて楽《たの》しからず。居処安《きょしょやす》からず。故《ゆえ》に為《な》さざる也《なり》。今《い》ま女安《なんじやす》くば則《すなわ》ち之《こ》れを為《な》せ」。服喪の期間が一年で自然に感じられるのであればそうするがよい。喪に在るとき君子は、食べても美味を感じず、音楽を耳にしても楽しみを感じることなく、また、日常生活を送っていても心が安んじることがないから喪の生活を送るのである。それに違和を感じるのであれば、思うがままの日々を送るがよい。

この一節のあとには次の言葉が続く。「宰我《さいが》出《い》ず」、この孔子の言葉を聞くと宰我は部屋を出て行ったというのである。弟子は憤然として出ていったのではないだろう。このとき師弟の間で会話は成立していないのである。弟子の姿が見えなくなると、孔子はもらすように言った。

「予《よ》の不仁《ふじん》なるや。子生《こう》まれて三年《さんねん》、然《しか》る後《のち》に父母《ふぼ》の懐《ふところ》を免《まぬが》る。夫《そ》れ三年《さんねん》の喪《も》は、天下《てんか》の通喪《つうそう》也《なり》。予《よ》や三年《さんねん》の其《そ》の父母《ふぼ》に愛《おし》むこと有《あ》る乎《か》」（陽貨第十七）。何と非情な男だろう。子供は生まれてから三年間、父母の懐を離れることはできない。三年という服喪の期間は長く受け継がれてきた儀礼である。それにもかかわらず、あの男は死者となった両親に、三年の情愛を注ぐことに躊躇するのか。

この一節は、儒教における喪が論じられるときにしばしば引用され、服喪において定められた細目を推量する典拠になっている。この章句を字義通りに取ると孔子は、三年という期間を絶対視しているようにも映る。

しかし、「女安くば、則ち之れを為せ」というように、孔子は喪の期間を戒律的に考えていない。自然な感情ならばそうするがよい、無理を強いるような日々を過ごしても喪に服したことにはならない、というのである。さらに、次のような章句を読むと、孔子が考える喪の思想の中核に接近するように思われる。

「子《し》曰《い》わく、上《かみ》に居《い》て寛《かん》ならず、礼《れい》を為《な》して敬《けい》せず、喪《も》に臨《のぞ》んで哀《かな》しまずんば、吾《わ》れ何《なに》を以《も》ってか之《こ》れを観《み》ん哉《や》」（八佾《はちいつ》第三）。孔子は言った。人の上に立つ者で寛容の精神を持たない者、礼において畏敬の念を抱かない者、喪に際して悲しむことがなければ、いったい何の意味があろうか。

この一言からは、「喪」において孔子がもっとも重要視しているのは、儀礼であるより、「哀しみ」であることがわかる。さらに、『論語』には、喪にふれ次のような記述もある。次の一節にある「曽子」も孔子の弟子の一人である。

曽子《そうじ》曰《い》わく、吾《わ》れ諸《こ》れを夫子《ふうし》に聞《き》く。人《ひと》未《い》まだ自《み》ずから致《いた》す者《もの》有《あ》らざる也《なり》。必《かなら》ずや親《おや》の喪《も》乎《か》。

（『論語』子張第十九）

ここで曽子は、孔子から聞いた話を伝えている。「自ずから致す者有らざる也」とは、道を極めるにおいて人は、どうしても自らの力だけでは成しえないことがあり、学問あるいは伝統の助力を要することを示す。しかし、唯一の例外がある。それは親が亡くなったときに服喪する態度だというのである。ここでは親が強調されているが、親に限定されない。愛する者を喪ったとき、悲しみは自ずと湧き上がる。それに知性の助力はいらない。自ずからなる悲しみにおいて人は、どこまでも生の深まりを実感することができる。

さらに、次に引く一節には、『論語』における服喪の意味がもっとも鮮明かつ端的に表現されている。「子游《しゆう》曰《い》わく、喪《も》は哀《あい》を致《いた》して止《や》む」（子張第十九）。喪は悲しみを尽くすことにきわまるという。

『論語』を読むということ

歌は、悲しみを起源にする。悲しみで言葉にならない呻きは、歌の母となる。容易にかたちを帯びようとしない死者への思いが満ちるとき、歌が生まれた。人はそれを挽歌と呼び、挽歌から愛する人に言葉を送る相聞歌が生まれた。歌が無数にあるように、無数の悲しみがある。一つとして同じ悲しみはない。悲しみが心性《しんせい》の伝統を作る。「伝統とは民族的合意である」（『孔子伝』）、と白川は書いている。

今日の日本社会では、一見すると儀礼としての喪の伝統は、ほとんど生きていないように思われる。だが果してそうだろうか。服喪の三年が、何かを忍耐する期間ではなく、生者が悲しみの内に死者との交わりを深める時節であるなら、現代にも死者を思って独り呻く人はいる。三年の歳月を経てもなお、それどころか歳月が経れば経るほど悲しみを深める人もいるだろう。儒教の伝統は、儒教を奉じない人々によっても受け継がれている。無記名の伝承が行われるとき、伝統は育まれる。

先に見た服喪の期間に異を唱えた宰我の章句にふれ白川は、「本来の孔子の語かどうか疑わしい」(『孔子伝』)と書いている。孔子の思想らしきものが語られているのだが、孔子の謦咳特有の響きがないというのだろう。

「葬儀に関する孔子の知識の該博さは、驚歎すべきものがある」と述べ白川は、儒家が教典としているものに、喪礼に関する記載が多いことから目を離さない。その上で彼は、孔子が喪において真に貴んだのは、表層的な儀礼の遵守ではなく、喪の精神に生きる叡知の伝統だったというのである。孔子にとって学ぶとは、知識の伝承ではけっして終わることのない営みだった。それは魂の目覚めにならなくてはならない。学ぶとは秘儀の伝統に連なることを意味した。『論語』の冒頭に「学《まな》びて時《とき》に之《こ》れを習《なら》う」(学而第一)とあるのも、孔子が学んだのは巫者《ふしゃ》たちによって語り継がれてきた伝承で、「儒の源流は、そのような巫史の学に発している」と白川は指摘する。孔子の母は巫女だった、と彼は『孔子伝』に書いている。

孔子は巫女の子であった。父の名も知られぬ庶生子であった。尼山に祈って生まれたというのも、世の常のことではなさそうである。あのナザレびとのように、神は好んでそういう子をえらぶ。孔子はえらばれた人であった。それゆえに世にあらわれるまでは、誰もその前半生を知らないのが当然である。神はみずからを託したものに、深い苦しみと悩みを与えて、それを自覚させようとする。それを自覚しえたものが、聖者となるのである。

「ナザレびと」とはイエスを指す。イエスは生地ナザレにちなんで、「ナザレのイエス」と呼ばれる。イエスも同様だが選ばれた者は、世が必要とするまで顕れない。選ばれた者の幼き日々を記録できる者などいない。

孔子の公生涯とも言うべき日々が始まるのは、彼が四十歳を過ぎたころである。幼少期から孔子は巫者の伝統のなかで育った。巫者は、天と人間の間に立つ。天の言葉の通路となり、容易に言葉にならない人間の叫びを天に届ける。孔子の使命は、自己の思想を喧伝することではなく、天意が降りる場所になることだった。そうした人間を白川は「巫祝者」と呼ぶ。「孔子はおそらく巫祝者の中に身をおいて、お供えごとの『俎豆《そとう》』の遊びなどをして育ったのであろう。そして長じては、諸処の喪礼などに傭われて、葬祝のことなどを覚えていったことと思われる」とも白川は書いている。

さらに、「孔子の世系についての『史記』などにしるす物語は、すべて虚構である」とも彼は書いている。『史記』をはじめ、歴史書に記された孔子生誕の逸話を、白川はそのままには信じない。その記述の彼方に不可視な文字で書かれたもう一つの歴史を探ろうとする。『論語』に限らない、数々の古典に密かに刻まれた言葉をたよりに白川は、孔子出生の秘密に迫って行く。

孔子とは尊称で、彼は名前を「丘」という。『史記』には、「丘」の名前も、頭が平低で丘を思わせたことに由来すると伝えられている。白川はその記述に、『荀子』のテクストを重ね合わせ、これまで誰もかいま見ることのなかった孔子の「顔」をのぞき込もうとする。

『荀子』「非相篇」に、孔子はたけ高く、面は蒙倛《もうき》のごとくであったという。蒙倛とは、方相氏の用いる鬼やらいの面で、疫病をはらったり、送葬のときに用いるものである。孔子の顔を送葬用の面にたとえているのは甚だ奇異のことであるが、これも意味のありそうな伝承である。（『孔子伝』）

長身で、大柄、巫覡《ふげき》の文化に育った特異な相貌、白川には先師の姿がまざまざと見えている。湯島聖堂をはじめ、日本にも孔子像はいくつもある。彫像だけでなく絵に描かれたものも少なくない。だが、孔子がどのような姿をしていたか、詳細は分からない。『論語』を精読する者にはそれぞれの孔子の姿がある。『論語』を読むとは、それぞれの孔子の「顔」を見出すことだと言えるのかもしれない。

比喩ではない。白川にとって「読む」とは、言葉を扉にそれを書いた者と出会うことだった。『論語』はこれまで、そうした実存的な経験のもとで読み継がれて来たのである。江戸時代の儒学者伊藤仁斎（一六二七～一七〇五）もその一人だった。仁斎が『論語』を読む姿にふれ、小林秀雄は、次のように書いている。

彼〔仁斎〕は、精読、熟読という言葉とともに体翫という言葉を使っているが、読書とは、信頼する人間と交わる楽しみであった。論語に交わって、孔子の謦咳を承け、「手の舞ひ足の踏むところを知らず」と〔先人たちが〕告白するところに、嘘はない筈だ。この楽しみを、今、現に自分は経験している。だから、彼は、自分の論語の注解を、「生活の脚注」と呼べたのである。

（「学問」『考えるヒント２』）

「翫」は「翫味」、今日の「玩味」につながる言葉で、全身全霊で感じることを意味する。また「習」の文字があることから、そこには習熟の意味も含まれている。仁斎にとって「読む」ことは文字を追うことでなく、むしろ、文字を通じて先師孔子の息吹を感じることだった。「信頼する人間と交わる楽しみであった」と小林が書いているように、「読む」とき、仁斎の前に孔子は、まざまざと立ち現れることもあった。

それは仁斎にとって至上の喜びであり、その歓喜は、「手の舞ひ足の踏むところを知らず」すなわち、ふるえるほどの経験だった。それは時折、起こったのではない。むしろ、それが仁斎の日常だった。同じ精神は『孔子伝』を書く白川にもありありと感じることができる。彼にとって『論語』を読むとは孔子の声を魂で聴くことだった。

言葉の通路になる

『孔子伝』を読むとき、私たちがまず問うべきは、白川がどう読んだかだけでなく、なぜ、読めたか、である。いかなる通路を介して、彼は異界に生きる孔子の姿を生々しいまでに見得たか、である。

ここでの関心は、後者に大きく比重がかかっている。白川にとっては文字が扉であり、道だった。彼にとって文字は、単に意志疎通のために用いられる記号ではなかった。文字の誕生にふれ、白川は次のように書いている。

文字は、神話と歴史との接点に立つ。文字は神話を背景とし、神話を承けついで、これを歴史の世界に定着させてゆくという役割をになうものであった。したがって、原始の文字は、神のことばであり、神とともにあることばを、形態化し、現在化するために生まれたのである。もし聖書の文をさらにつづけるとすれば、「次に文字があった。文字は神とともにあり、文字は神であった」ということができよう。文字はもと神と交渉し、神をあらわすためのものであった。（『漢字』）

文字によってはじめて天意は世界に「定着」すると白川はいう。さらに、文字がなければ、どうやって「ことば」が世界に定着することができようか、と彼は逆に読者に問いかける。文字によって神意は形を帯び、「現在化」する。「現在」とは過去、未来と対比される流れる時間の尺度ではない。「現在」は過ぎ去らない。むしろ深みへと垂直に降下して、過ぎ行かない「時」と結びつく。

先の一節に「聖書の文」とあるのは「はじめにことばがあった。ことばは神とともにあり、ことばは神であった」と記された新約聖書「ヨハネ福音書」の冒頭の一節である。聖書に述べられているように、万物は「ことば」と共に生まれた。だが、「ことば」は同時に文字を産んだと白川はいうのである。

文字には、理性では容易に説明できない人間の感情が刻まれている。むしろ、文字はそれを世界に刻むために見出された。文字は、人間の天への訴えであり、また、天からの言葉を受容し、それを残し、伝えるために作られた。作られた、というより、もたらされた、と書く方が文字の起源には近いのかもしれない。

古代の人々にとって文字は、「ことば」と同様、与えられたものだった。「ことば」を受ける者は巫覡《ふげき》と呼ばれた。「ことば」の通路となることが巫者に託された役割だった。彼らの使命は人間に「事《つか》える」ことだった。わが身を投じて万人にむかって君子の道を切り拓くことだった。彼らに「ことば」を託すものを儒学では「鬼神」という。

あるとき、孔子の弟子季路〔子路〕は、人はどのように「鬼神」に事えるべきかと師に尋ねる。孔子は、「未《い》まだ人《ひと》に事《つこ》うる能《あた》わず。焉《いずく》んぞ能《よ》く鬼《き》に事《つか》えん」、未だ人につかえることができない者が、どうして鬼神につかえることができるだろうかと応える。

納得いかない子路は立てつづけに、死とは何であるかと問いを重ねる。孔子は静かにこう応じる。「未《い》まだ生《せい》を知《し》らず。焉《いずく》んぞ死《し》を知《し》らん」（先進第十一）。未だ生きることが何であるかを知らない者が、どうして死を知ることができるだろうか、というのである。「鬼神」などいない、孔子はそんなことは言わなかった。彼は人間には人間の仕事がある、と言ったのである。孔子が言うとおり、あらゆる生者は死を知らない。だが、死者はどうだろう。人間の仕事とは、真実の意味で隣の人間と向き合うことである。ここでの「人間」には、生きている隣人だけでなく、「生きている」死者もふくまれる。

愛する者を喪い、私たちが悲しむのは、単なる抑えがたい感情の発露ではないだろう。悲しみは、それを受け取る者がいるときに生じる一つの秘儀である。

師が哭く姿を、もっとも近くで見ていたのは、不可視な隣人となった顔淵だった。そのことを孔子は知っている。だからこそ、彼は「哭して慟す」のである。このときすでに悲しみは、悲惨な出来事であるよりも、出会えたことの意味を照らす一条の光となっている。

第五章　聴く　志村ふくみと呼びかける色

色のなかに音を聴く

ある日、若きショーペンハウエル（一七八八～一八六〇）とゲーテ（一七四九～一八三二）が言葉を交わした。会話は目と光の関係に及び、ショーペンハウエルが、目があるから光があるのですね、というとゲーテは驚いた様子で、光があるから目があるのではないですか、と応えたという。

事象は認識されることによってはじめて実在となる、とこの頃のショーペンハウエルは考えていた。一方ゲーテは、万物は自然の呼びかけに応じて生まれ、人間の感覚器官は外界に存在する働きに従って生れたものだ、と考えていた。実在は認識とは別な姿で存在する、それがゲーテの確信だった。

この何気ない対話には、存在の起源へとつながる言葉が潜んでいる。自然の働きをめぐってゲーテはこう述べている。

眼を閉じ、耳を開いて傾聴してみるがよい。いともかすかな気息から荒々しい騒音にいたるまで、きわめて簡素な単音から最高の和音にいたるまで、激しい激情の叫びから穏やかな理性の言葉にいたるまで、そこで語っているのは自然そのものである。自然はこのようにその存在、その力、その生命、その諸関係を啓示しているので、無限の可視的世界を拒まれている盲人も、聴覚の世界の中に無限の生命あるものを捉えることができるのである。

（『色彩論』木村直司訳）

この一節からだけでもゲーテが、自然の「声」をいかに微細に感じ取っていたかが分かる。「啓示」とゲーテが書いているのは比喩ではない。彼は自然の語りかけに超越からの呼びかけを聴いた。

ゲーテは稀代の文学者でもあったが、植物学をはじめとした独自の科学論を構築した人物でもあった。なかでもその色彩論は、色を無機的な物質としてのみ捉えていた従来の視座を、根本から覆すものだった。ゲーテは色に意味と感情、さらに永遠と歴史への扉を見る。色は彼によって、生きている自然の「声」として認識された。ゲーテの色彩論は今も生きている。私たちは今も色に意味を感じ、感情を感じている。詩人たちが「青い悲しみ」と書いてもいぶかしく思ったりしない。ゲーテにとって色は、何事かを語る自然のコトバだった。

眼を閉ざさなければ自然の「声」は聴こえてこない、とゲーテは言う。ときに見ることは「声」の顕われを阻害する。祈るとき人は自ずと目をつむる。目を閉じるのは単に心を鎮めるためではないだろう。祈るとは本来、大いなるものに自己の願いを伝えることではなく、人が大いなるものの「声」を聴くことであることが、こうした素朴な行為によって明らかにされているのではないだろうか。

耳を開いてみるがよい、とゲーテは促す。だが、耳を開くことはできない。ここでの「耳」は感覚器官の呼称ではない。聴く営みが生起するとき、人間は全身が「耳」になる。そうした「耳」を持つ者に、自然は隠すことなくその「声」を響かせる。自然にむかって自己を開いた者には、自然の「声」は、沈黙の中で、しかし、雄弁に語りかける。

しかし、世の中には、耳ではなく、手で自然の「声」を聴くと語る者がいる。

凍《い》てついた大地がゆるんで、草木の発芽をいだきはじめた土の色、はじめて陽の光をうけて戸惑う双葉の色、もしその音色も同時にきくことができるならば、音と色そのものが糸にのりうつっている。生れでたばかりの野草の音色である。
（『色を奏でる』）

染織《せんしょく》作家志村ふくみ（一九二四～）が書いた一節である。彼女は、染織のなかでも紬織の第一人者だが、稀代の散文家、詩人でもある。

染織とは文字通り、糸を染め、織ることを表す。かつて染めるとは植物から色を移しとることを意味したが、現代は違う。化学染料で染めることもそこに含まれる。だが、志村が手にするのは植物である。

先の一節は、「音と色そのものが糸にのりうつっている」とあったように、彼女が染めの現場の様子を活写したものだ。野原から植物を採り、大きな容器に入れ、煮出す。すると水をたよりに植物から美しい色が顕われ出る。そこに両手で糸を静かに沈める。この動作を何度か繰り返す。このとき彼女の「手」は「耳」になる。「手」は色にふれ、色の音を聴く。「手」は、植物の声と共に、植物を育んだ土の声、光の声を聴き、音色のいう言葉が生れた由来をまざまざと経験する。

ここで語られているのは彼女の日常である。自然の「音色」に導かれなければ自分には仕事がないことを、彼女は実感している。彼女にとって仕事は、自分を表現する場ではなかった。むしろ、自然の声を受け取る場であり、それに導かれ、体を動かすことだった。

意思よりも先に導きがやってくる。むしろ、人間のもっとも大切な仕事はこの導きを見過ごさないことにある。仕事が仕事する、とも志村はいう。

彼女は一人で仕事をしない。一日たりとも一人だったことはないと書いている。仕事とは、一人ではけっしてなしえないことを協同して行うことである、と彼女はいう。かつて織ることと染めることは、人間を媒介に分かちがたく結びついていた。ここでの「人間」は、個人であるとは限らない。むしろ、共同体を指す。染織の職人としての彼女は、個人であると共にいつも「協団」の一人である。


この四十年余、常に人と共に仕事をしてきた。ひとりでした日は一日もない。すべて、若い人と一緒に、何か語り合い、模索し合い、発見し合い、喜び合い、たのしんで仕事をしてきた、それが共同体だった。わずか四、五人でもそれは共同体だった。仕事はそこから生れ、仕事が仕事をした実体は実は共同体だったからなのだ。私個人ではない。それが工芸というものの本質なのだ。〔中略〕やっとそれに気づいた。色をいただき、素材をいただき、それが共同体という器の中で生かされたのだ。

柳宗悦先生が常にいわれていた協団《ギルド》という意味が今、ようやく少し分ってきた。

(『色を奏でる』)


現代において色は、造り出すものになった。人間は、色を造り出すことができると信じて疑わない。だが、彼女の認識は違う。彼女は、色を染めるとは言わない。色を「いただく」と言う。

人間が何かを創造することはできない、と彼女は考える。許されているのは発見であり、受容である。さらに、それが実現されるには個であってはならない。どんなに小さかったとしても人は集わなくてはならない。世の中は作品を彼女の名前と共に記憶する。だが、染織を前にしたとき、彼女にとって自分の名前は、個人の呼称であるより、共同体の伝統と営為を示す言葉になる。彼女にとって仕事とは、固有名が無私へと変じて行く場だと信じられている。

色は人に寄り添う――日常の中に美がある

近代日本でそのことを明示し、実践したのが柳宗悦（一八八九～一九六一）だった。若き柳は幾人かの職人と共に「上賀茂民藝協団」を設立し、「名なきものの作」によって、用と美が現出することを示す運動を始める。美は、飾られるだけで誰もそれを近くに引き寄せようとしないものにではなく、むしろ、日常において用いられるものにこそ伏在する、と彼らは信じた。美は人間を救い得るのか、というほとんど祈りに似た思いのなかで「物」を作って行った。

若者たちによってはじめられた、この協団としての活動は、わずかな期間で終わるのだが、そこで彼らによって生きられた問いは、形を変えて近代日本の精神史に深く刻まれた。志村は、柳の正統なる後継者である。彼女は柳の近くに接した。

夭折した彼女の兄小野元衛は画家だった。彼の作品は、柳を驚かせた。志村の母小野豊は、柳に師事し、また、彼のすすめで染色職人青田五良（一八九八〜一九三五）に深く学んだ。青田と同じく協団に連なった木工職人の黒田辰秋（一九〇四〜一九八二）も、母を通じてあるいは直接、志村に大きな影響を与えている。青田と黒田は染色、木工それぞれの世界で時代を画する仕事をした。彼らの悲願は世代を超えて、志村の工房に生きている。陶芸家富本憲吉（一八八六〜一九六三）も志村の美を支えたひとりだった。

職人たちにとって作るとは、自己の表現であるよりも、託されたものに形を与え、それを必要とする未知なる他者へ届けることだった。その不文律は志村にも受け継がれている。

色を「いただく」だけで彼女の仕事は終わらない。植物のささやきを、色のなかに聴く。声は、聴かれることだけでなく、織ることを彼女に促す。色は衣となり、自分を必要とする者のところへ赴こうとする。

干し上がった絹糸の群を仕事場中に並べて飽かず眺めていると、この季節にしかきこえてこない植物の囁《ささや》きや、低い輪唱がきこえてくるようである。次元をちがえて、姿をまったく変えて、しかもすこしも変わらない植物の命の連鎖が、仕事場の天井から、そこここの隅からやさしく低く、くりかえし、くりかえしきこえてくる。

（『色を奏でる』）

受けとった者は、それを運ばなくてはならない。彼女は糸を織り、着物にして、それを必要な人に届ける。「灰色の世界」と題するエッセイで彼女は織ることの秘儀を一篇の詩に謳《うた》った。

清涼寺の楸《ひさぎ》で染めた灰色は
山門や、塔のまわりを群れて飛ぶ
鳩の羽いろ
〔中略〕
もしできることなら
苦患や、絶望のふかいところで
身を砕き、心を砕いて
黙って働いている女のひとの
その衣の中に
私は楸いろのほんのすこしの優しさを
織りまぜておきたい。

（『色を奏でる』）

「清涼寺」とは京都の嵯峨野にある古寺で、志村はしばしばそこに出向いて野草を分けてもらう。楸は、久木とも書く。キササゲともいう。落葉高木である。果実は薬用にも用いられる。

白い花弁の中央に紫色の縁どりと淡い黄色の文様をたずさえた花を咲かせる。この植物から白い花と大きな緑の葉からは想像できないような灰色が生まれる。

灰色は志村にとって、祈りを秘めた色である。また、優美をたずさえた色でもある。身も心も砕いて、誰かのために黙って働く女性、日々の生活に苦しみ、疲れ果てている女性に着てほしいと願う衣に、彼女はこの色を写しとった糸を使う。自分はそうした人の近くにいることはできない。しかし、色は、苦しみのなかに生きる人に寄り添って離れない。音色という表現があるように色は音という、言語とは異なる姿のコトバとなって、それをまとう者に、悲嘆のなかにも光明があることを告げ知らせる。かつて色は人間の伴侶だった。色は生活を彩るものである以前に、存在を守護するものだった。古代における色の働きにふれ志村は、「古代の人々は強い木霊の宿る草木を薬草として用い、その薬草で染めた衣服をまとって、悪霊から身を守った」（『色を奏でる』）と記している。

野草に宿っている鮮やかな色の多くは、人間の心身を癒す働きをもっている。漢方も西洋の植物療法も植物の色を体内に摂りいれる方法だということもできる。志村も指摘しているように、無色は自然界には存在しない。凝視すれば水にさえ色を見ることができる。それと同じように、衣に潜む色は人間を包み込み、守る、と信じられた。

ゲーテの「色彩論」——色をどう生きるか

「色彩は光の行為であり、受苦である」といったゲーテの言葉を志村は、幾度となく深い情感を籠めながら引いている。色とは、彼方の世界からの光が、この世界に顕現したものであるとゲーテは考えた。「受苦」とは、光が色となることで、世にある苦しみを引き受けることを指す。光は、色となって万物に寄り添う。このことを志村は恩寵として受容している。「色」は、志村にとっていつも、大いなるものの顕われとして認識される。色は「草木の精」の化身である、と彼女はいう。

あるとき、私はふしぎな体験を味わった。小さな穴からころがり落ちるように、私は草木の背後の世界にころがりおちていった。

そこはほんの少し扉があいていて、秋のはじめの陽の光と、すこしの風にきらめく深い森が垣間みられた。紅葉しかかった木の葉の一枚一枚まで丹誠こめて染めあげられ、この世ならぬ光が森中にみちていた。姿をみることはできなかったが、草木の精がそこら中にいることが感じられ、私はいつの間にか、自分の命と草木の命がひとつに合わさったような法悦を感じた。

その後二度とあの森をみることはできないが、私の心の中に鮮かに刻印されたものは、こちらの心が澄んで、草木の命が伝わってきたとき、おのずと敬虔な思いにみたされ、草木の命をいとおしむようになるのではないかということだった。

（『色を奏でる』）

「姿をみることはできなかったが、草木の精がそこら中にいることが感じられ」、と書いているのが興味深い。彼女は自らに起った出来事をそのまま語っているのだろうが、綴られた言葉は、先に引いた「色彩は光の行為であり、受苦である」というゲーテの思想が真実であることを明示している。人間が自然の声を聴くためには、目を閉じなくてはならない。精霊は目には映らないのだが、その姿は心に深く映じて来るというのである。

こうした記述を寓話的表現だと解釈することはできる。だが、言葉をそのまま引き受けることもできるだろう。自分が経験していないからといって、他者の経験を否定することはできない。自分が感じられないことと存在しないことは違う。科学的に証明され得ないことも、その出来事の真偽には直結しない。科学は有力であり、有益でもある。だが、科学は今も進歩しているその事実において、不完全性を自ら証明している。科学が捉えきれない事象もまた実在する。別なところで志村は、花はしばしば語りかける、と述べ、次のように書く。

山の辺に茂る草叢《くさむら》から、ふと私に呼びかける花があった。手折ってしみじみとみつめれば、小さな花は慎ましい美の化身のように、私にさまざまのことを語った。〔中略〕

わずか一センチたらずの花瓣にかくも精微な装いを凝らしたのは誰か、造化の神は何一つ無意味なものをおつくりにはならないはず。人知れず咲き、人知れず散るべき花にたまたま私は呼びとめられた。そして道の辺に立ちつくすほどその完璧な造形に驚嘆したのだ。〔中略〕自然がこのように野を彩り、踏みにじってかえりみもしないであろう小さな野の花を至高の美に形づくるのはなぜなのだろう。そこにはきっと深い神の意図があるはずである。我々はその一滴をも汲みとるために、小さな花の語る声に耳を傾けたいと思うのだった。

（『語りかける花』）

花は、人の呼びかけに応えるのではなく、人に呼びかける、と志村は感じる。近くに引き寄せると花は、いっそうさまざまなことを語り始める。花は、人にさらに見ることを促す。精微な一輪の花は無言のまま「造化の神」がいることを彼女に伝える。このとき志村は、ゲーテが「啓示」と書いた出来事に遭遇している。「〔色を宿した〕一滴をも汲みとるために、小さな花の語る声に耳を傾けたい」とあるように、色は彼女において、自らの力で得るものではなく、与えられるものとして認識される。彼女がゲーテの色彩論を知ったのは、染織の仕事をはじめて十年ほど経ったころだった。

仕事をはじめて十年余り、徐々に膨らむ謎の奥に何か足がかりが欲しい、私が何故か、と思うことに答えてほしいと絶えず求めていた。

そんな時、出会ったのがゲーテの「色彩論」だった。〔中略〕謎が次々に解けるばかりではなく、今まで私が漠然と求めていた感覚の世界に的確な足がかりがあたえられたのである。含蓄ある一点、導きの糸は、そこからするすると紐が解けるように私を色彩世界の扉へと導いてくれた。

（『ちょう、はたり』）

本章の冒頭に見たゲーテの一節は、彼の『色彩論』の序文にある。この哲学を継承したのが神秘哲学者ルドルフ・シュタイナー（一八六一〜一九二五）だった。若きシュタイナーはゲーテ全集の編纂に携っていた。色彩論だけでなく、ゲーテの自然学は、のちシュタイナーにおいて深く受容され、その後の芸術家たちにも大きな影響を与えた。だが、古典の宿命なのだろうか。受容されるとそれをさまざまに解釈し、複雑化する者たちが出てくる。色彩論においても素朴な聖典に膨大な神学が折り重なるように、ゲーテの驚きを理論が覆い隠す。そんな光景を予想してなのだろうか、シュタイナーは色をめぐってこう語った。

つまり非芸術的な象徴解釈をすすめているのではありません。ですから、この色はこういう意味であり、あの色はこういう意味である、というのではないのです。色彩が色彩そのものとは別な何かを意味しているというのではなく、色彩と共に生きられるかどうかが問題なのです。

（『色彩の本質』高橋巖訳）

色に紋切り型の「意味」を見ることに終始してはならない。色を前にしたとき、解釈の方法を探るのではなく、どうしたらそれと共に生きることができるかを考えなくてはならない。シュタイナーにとって色は、生命の躍動そのものだった。ゲーテを窓に志村もまた、シュタイナーを知る。「ゲーテの『色彩論』と出会い、シュタイナーの『色彩の本質』とめぐり会った。思いもかけぬ壮大な宇宙論が展開され、緑という糸ぐちから紬《つむ》ぎ出された測り知れない色彩の世界が全く新しい生命のように浮び上ってきた」(『ちょう、はたり』)と志村は書いている。

日本の古色を探る

この二人の西洋の叡知に導かれた「測り知れない色彩の世界」で、彼女が苛烈なといってよい熱情をもって探ったのは日本の古色だった。「『源氏物語』のように人物の性格や運命と深くかかわり、物語全体の骨子としての造形的な力を、一つの色彩にあたえるということは、世界にも稀有なことではあるまいか」(『色を奏でる』)とあるように、『源氏物語』に留まらず、「母なる色」をもとめて彼女は日本の古典という森を歩いた。さらに、ゲーテとシュタイナーとの出会いによって彼女のなかで特異の位置を占めるようになってきた色が「緑」だった。

植物にもっとも多く見られる色である緑だが、この色を植物から引き出し、糸に染め出すことはできない。緑だけでなく、肉眼で植物に見られる色は染めだすことが難しい。桜色は桜の花びらからではなく、花が咲く前の枝や樹皮から生まれる。緑色の糸を作るには刈安などから作った黄色の糸を藍に掛け合わせなくてはならない。

黄色の染料の元になる植物は皆、燦々《さんさん》と太陽の光を浴びて育った植物である。志村は黄色を「光に最も近い」色だと書いている。一方、藍の染料は甕《かめ》で発酵させながら建てる。藍の染料は、作るとは言わない。昔から藍は、「建てる」という。

古くから人は不可視な塔を建てるような心持ちで藍と向き合ってきた。甕のなかにたゆたう濃い藍色は深みという感覚が何であるかを想い出させる。「黄色の糸を藍甕につける。闇と光の混合である。そして輝くばかりの美しい緑を得るのである」（『ちょう、はたり』）と志村は語る。


やはり緑は生命と深いかかわり合いをもっていると思う。生命の尖端である。生きとし生けるものが、その生命をかぎりなくいとおしみ、一日も生の永かれと祈るにもかかわらず、生命は一刻一刻、死にむかって時を刻んでいる。とどまることがない。その生命そのものを色であらわしたら、それが緑なのではないだろうか。

（『色を奏でる』）


緑は、生命の色である。それははかなくもあるが、けっして朽ちることがない。「緑は生命の死せる像を表わす」、とシュタイナーは書きながら、「緑は生と死のあわいに明滅する色である」とも言う。緑は死者の色だというのである。ここでの死者とは亡き者の謂いではない。肉体が滅んだ後も「生きている」者、「生ける死者」である。だが、生と死が混じり合わないように、色もけっして混ぜられない。色はそれぞれ光を身に受けながら共振し、共鳴する。「私が色の生態ともいうべき原理を教えられたのは、色の法則の根本は、色と色を交ぜない、あるいは交ぜられない、という織の原則からであった」（『色を奏でる』）と志村はいう。交わる、しかしけっして混ざらない。それは生者と死者の関係に似ている。

影響とは、ある人物からもたらされるものであるよりも、その邂逅が契機になって、自己のなかにある何かに気が付くことだといった方が精確なのだろう。その意味でシュタイナーとの出会いは志村の芸術に決定的な出来事だった。

色が生まれるとき

人間の感覚は十二に分けることができる、とシュタイナーは考える。視覚、聴覚、味覚、嗅覚、触覚の五感のほかに、熱感覚、運動感覚、平衡感覚、生命感覚、言語感覚、思考感覚、自我感覚の七つの感覚を数えた。志村の感覚は随所で五感の境域を超える。志村は、色は「匂う」という。

まだ粉雪の舞う頃だった。小倉山のふもとの方まで行ったとき、桜の木を切っている老人に出会った。その桜の枝をいただいて帰り、炊き出して染めてみたら匂うように美しい桜色が染まった。染場中なにか心までほんのりするような桜の匂いがみちていた。私はそのとき、色が匂うということを実感として味わった。もちろん匂うとは嗅覚のことではないのだが、人間の五感というものはどこかでつながっていて、美しいという要素には、五感の中のいずれかと微妙に響き合っているものがあるように思われる。（『色を奏でる』）

感覚はいつも複合的に働く。ここに描きだされている感覚は彼女に特異なものではない。むしろ、近代以前の日本人にはほとんど共通の感覚だった。そうでなければ「敷島の大和心を人問わば　朝日に匂う山桜花」と本居宣長が大和心を歌ったような和歌も生れることはなかっただろう。朝日に「匂う」とは、朝日に照らされて光るさまをいう。それが嗅覚とは異なる「匂い」のようにも感じられる。さらに彼女は「色の旋律」を聴くという。

色《ハーモニイ》が先なのか、間《リズム》が先なのか、両者に追いつ追われつ、そんなときは手にふれた杼《ひ》をそのまま投げている。なにかあるリズムにのって、即興の歌をうたっているような気がする。無意識ではなく、意識のかたまりのような。その中心に入ると、思わず織れてしまう。つぎは何色をいれようなどと考えるひまがない。手の方が先に杼にふれている。〔中略〕

全体像は何となく心に描かれていて、細部はわからない。その場に直面すると見えてくる。ほとんど迷いなく、色が旋律する。いままで織った部分がつぎの色をほしがっている。つぎの音を奏でている。あやうい空中の橋を渡っているような部分こそ、色の旋律が鮮明にきこえる瞬間なのだ。

（『色を奏でる』）

機織りに経糸《たていと》を据え、緯糸《よこいと》を通すときに用いるのが「杼」である。作り手は杼と一体になっている。杼は虚空から「色」を引きよせているようにすら映る。

人が色を選ぶのではない。音が音を呼び、旋律が生まれるように色が色を呼ぶ。何が織り上がるのかは感じられている、だがはっきりとは見えていない。「あやうい空中の橋を渡ってゆる」ように実感されるときこそ、「色の旋律」が鮮明に聴こえている。このとき彼女は何も語らない。ひたすら色の通路になろうとする。色が顕われる道具となることを願う。そこに芸術が胚胎する。

「色彩と対話することが大切です。色彩が画面の上でどのようでありたいかを、色彩自身に語らせるのです。これが現実の内部に深く参入し、そうすることで芸術にまで高められる考察方法なのです」（『色彩の本質』）とシュタイナーはいう。ここでの「芸術」とは、鑑賞することに終始する対象ではない。ときに人を励まし、慰め、また、癒すものである。芸術とは、人を抱擁する美の働きである。抱きしめるときよりも、抱きしめられるときに人は、自分の存在をはっきりと自覚する。芸術は、美を表現することであるより、美が人間に内在していることを告げ知らせる出来事である。「芸術とは人をなぐさめ、よろこばせることは言うまでもないが、実は人を蘇生させる程の力をもっている」(『薔薇のことぶれ』)とすら志村は書いている。

文章家志村ふくみの処女作は『一色一生』である。そこに彼女は十八世紀ドイツの作家ノヴァーリス(一七七二〜一八〇一)の一節を引く。志村ふくみの詩学は、この一節に収斂するように感じられる。

すべてのみえるものは、みえないものにさわっている。
きこえるものは、きこえないものにさわっている。
感じられるものは感じられないものにさわっている。
おそらく、考えられるものは、考えられないものにさわっているだろう。

(『一色一生』)

第六章　見る　堀辰雄と風が告げる訪れ

風が告げる死者の訪れ

二〇一三年、秋、小さな講演会に招かれ、宮城県石巻市に行った。この地もまた、大震災で深刻な被災を強いられた地域で、会場には遺族となった人も少なくなかった。講演が終わって、質疑の時間になると、息子を喪った人がこう話し始めた。「こんなことを言うと、おかしいと思われるかもしれませんが、私は亡くなった子供を、今でも感じるんです。花を見たとき、草を見たときのこともあります。風が吹いたとき、ふと感じることもあるんです」。講演が終わると、自分も同じで、死者は、風が自分を取り巻くように、ますます身近に感じられると、話してくれる人々が複数いた。

砂のような雲が空をさらさらと流れていた。そのとき不意に、何処からともなく風が立った。〔中略〕それと殆んど同時に、草むらの中に何かがばったりと倒れる物音を私達は耳にした。それは私達がそこに置きっぱなしにしてあった絵が、画架と共に、倒れた音らしかった。すぐ立ち上って行こうとするお前を、私は、いまの一瞬の何物をも失うまいとするかのように無理に引き留めて、私のそばから離さないでいた。お前は私のするがままにさせていた。

風立ちぬ、いざ生きめやも。

ふと口を衝《つ》いて出て来たそんな詩句を、私は私に靠《もた》れているお前の肩に手をかけながら、口の裡《うち》で繰り返していた。

堀辰雄（一九〇四〜一九五三）の小説『風立ちぬ』の冒頭近くにある一節である。少し先に読み進めると、この女性が結核に侵されていることが分かる。この作品は堀の実生活に基づいている。一九三五（昭和十）年、彼は婚約者を喪う。彼女も結核を患っていた。今日では完治するが、当時結核は、ほとんど不治の病に近かった。

このとき二人は、「風」が死者の国から吹いてきていることを瞬間的に認識する。それは否定し難いほどに強く彼らの身に迫ってくる。そうでなければ、風が立ち、物が倒れる音がして、途端に男は恋人の手をつかみ、「何物をも失うまいとするかのように無理に引き留め」、必死に自分のそばから離すまいとする、この男の行動がかえって不可解になる。男は理性で事象を判断していない。本能が動き出している。「お前は私のするがままにさせていた」との言葉は、何も言わずとも男が感じていることを女性もまた、はっきりと分かっていることを示している。「風立ちぬ、いざ生きめやも。」と、男はつぶやく。風が立つ。自然は不条理にも、迫りくる死を告げることに躊躇しない。死は迫りくる、生きねばならない、との言葉が発せられる光景は、篤信家が祈りを唱える姿に近い。逆らうことなどできない、大いなる者の到来を前に男は、恐怖よりも畏怖を感じている。

『風立ちぬ』は、再読する読み手を強く求めている。この作品には再読した者にのみ、開かれる扉が据えられている。作者は、巧妙にもいくつもの鍵を作品中に潜ませている。たとえば題名の由来がそうだ。

作品名にもなった「風立ちぬ」は、ポール・ヴァレリーの詩「海辺の墓地」にあって、エピグラフにもフランス語原文のまま引かれている。さらに作品の終わり頃堀は、リルケ（一八七五〜一九二六）が死者の鎮魂を謳った詩「レクイエム」の一節を、二度にわたって引く。その最初の一節には次のように記されている。

私は死者達を持っている、そして彼等《かれら》を立ち去るが儘《まま》にさせてあるが、
彼等が噂《うわさ》とは似つかず、非常に確信的で、
死んでいる事にもすぐ慣れ、頗《すこぶ》る快活であるらしいのに
驚いている位だ。只《ただ》お前――お前だけは帰って
来た。お前は私を掠《かす》め、まわりをさ迷い、何物かに
衝《つ》き当る、そしてそれがお前のために音を立てて、
お前を裏切るのだ。

死者たちに囲まれて生きていることをリルケは、淡々と語る。生者はしばしば、あまりに死者と共にあることを忘れ去っている、とほとんど警句にも似た告白を彼は謳う。多くの死者たちは、死んだことを悔やんでこの地を彷徨ったりはしない。それは生者の噂に過ぎない。死者の快活な姿に彼は驚きを隠せない。だが、「お前だけは帰って／来た」と詩人は死者に向って語りかける。死者は、死者の国に還らなくてはならないと諭《さと》すのだった。

「何物かに／衝き当る、そしてそれがお前のために音を立てて、／お前を裏切るのだ。」との詩句はなまなましい。死者は生者に気づかれまいとするが、霊気が振動をおこしてしまう。この描写は創作であるより、彼の日常だった。詩だけでなくリルケは、「音」と共に訪れる死者

たちを書簡に書き送っている。だが、もし、私たちが彼の横にいることがあったとしても、彼が聴く「音」を私たちもまた、耳にするとは限らない。彼はしばしば天使を謳ったが、天使が不可視な隣人であるように、ここでの「音」もまた、耳には聴こえない「音」である。

時を超えるレクイエム

だが、ヴァレリーなら、その「音」に気がついたかもしれない。ヴァレリーとリルケは共に、深く認め合っていた。あるときヴァレリーは、リルケに「あなたを訪ねることが、私の旅の重要な目的でした」と書き送ったことがある。一方、ヴァレリーの魂に限りなく接近しようとするリルケは、ヴァレリーの詩をドイツ語に訳した。ヴァレリーの詩を訳すとき、「道具」となる自分の言葉もまた、その詩に導かれて壮麗なものとなる、とリルケは書いたこともある。そればかりかリルケは、ドイツ語が読めないヴァレリーのために、フランス語で詩作することまで試みた。一九二二年に書いた友人への手紙でリルケは、ヴァレリーを「同時代のフランス人のなかで、私がもっとも敬愛すると共に瞠目し、感嘆をささげる詩人」（筆者訳）と評している。

もちろん堀辰雄は、二人の交わりを熟知している。彼にとってもヴァレリーは、もっとも敬意をささげるべき同時代人だった。堀は、リルケがヴァレリーの作品を翻訳したように、リルケの作品を複数翻訳している。ヴァレリーが謳った風は、リルケの「レクイエム」のなかにそのまま流れ込む。「大和路」と題する作品で堀は、リルケの「レクイエム」にふれ、詩の本性ともいうべきものに出会った、と語った。

　僕は数年まえ信濃の山のなかでさまざまな人の死を悲しみながら、リルケの「Requiem《レクイエム》」をはじめて手にして、ああ詩というものはこういうものだったのかとしみじみと覚《さと》ったことがありました。——そのときからまた二三年立ち、或る日万葉集に読みふけっているうちに一聯《いちれん》の挽歌に出逢い、ああ此処にもこういうものがあったのかとおもいながら、なんだかじっとしていられないような気もちがし出しました。それから僕は徐《しず》かに古代の文化に心をひそめるようになりました。それまでは信濃の国だけありさえすればいいような気のしていた僕は、いつしかまだすこしも知らない大和の国に切ないほど心を誘われるようになって来ました。……

『万葉集』は挽歌を起源とする。挽歌はいつの日か、無上の情愛を謳う相聞歌へと姿を変えて行く。愛する者を喪った呻きほど深い情愛の表現はないことを文学の歴史は語っている。リルケの詩が開いた死者の国への扉は、堀に、愛する者が生ける死者となっていることだけでなく、彼に至る膨大な歴史のすべてが「生きている」ことを教えた。

　先の一節の「信濃の国」は、『風立ちぬ』の舞台で、実際に堀が婚約者の最期を看取った場所、長野県であると同時に、彼が死者と共に生きている場所だった。「大和の国」もまた、古都奈良であり、永遠の国でもある。

先の一節は、文学者堀辰雄の第二の原点を指し示している。ここでの「詩」は、文学上の形式の名称である詩歌に限定されない。文学を根底から生かしている働きそのもの、詩情《ポエジー》だと考えてよい。

詩は、詩歌にも小説にも戯曲にも批評にも流れ込む。先の一節にあった万葉発見の出来事と遠くない時期に書かれた作品で堀は、文学の底を深く流れるものにふれ、こう記している。

古代の素朴な文学を発生せしめ、しかも同時に近代の最も厳粛な文学作品の底にも一条の地下水となって流れているところの、人々に魂の静安をもたらす、何かレクイエム的な、心にしみ入るようなものが、一切のよき文学の底には厳としてあるべきだと信じております
（「伊勢物語など」）

死者を悼む、容易に言葉にならない悲しみにおいて、人は時間の差異を超えて結びつく。悲しみが開く窓は永遠にむかって開かれている。「大和路」には、彼が時間の世界の彼方で、けっして過ぎ行くことのない悠久の時空にふれる経験が幾度となく語られている。永遠がこの時間世界に介入することを知ったのも、彼が、恋人とその最期の日々を生きたときだった。彼女の名前は節子という。

私は、私達が共にした最初の日々、私が節子の枕もとに殆んど附ききりで過したそれらの日々のことを思い浮べようとすると、それらの日々が互に似ているために、その魅力はなくはない単一さのために、殆んどどれが後だか先きだか見分けがつかなくなるような気がする。

と言うよりも、私達はそれらの似たような日々を繰り返しているうちに、いつか全く時間というものからも抜け出してしまっていたような気さえする位だ。そして、そういう時間から抜け出したような日々にあっては、私達の日常生活のどんな些細《ささい》なものまで、その一つ一つがいままでとは全然異《ちが》った魅力を持ち出すのだ。

(『風立ちぬ』)


時間的世界では凡庸に感じられることも、永遠の世界では燦然《さんぜん》ときらめく。もう一度だけでも会いたいと嘆く者は同時に、かつて会っていた一瞬一瞬が、持続する奇蹟にほかならなかったことを痛感している。愛する人を喪った者が切望するのは、死者となった人と過ごした日常の回復だけである。彼方から吹く風もまた、今が奇蹟に満ちていることを告げる。

風は、生者から愛する人を奪おうとしているのではない。風は、生者と死者の世界が不可分であることを証している。風の訪れは、ときに強いられるかのような、烈しい畏れを感じさせる促しでもあるが、ときには人を包み込むように立ち現れる。

私達はしばらくそのまま黙り合っていた。そうすることがこういう花咲き匂うような人生をそのまま少しでも引き留めて置くことが出来でもするかのように。ときおり軟らかな風が向うの生墻《いけがき》の間から抑《おさ》えつけられていた呼吸かなんぞのように押し出されて、私達の前にしている茂みにまで達し、その葉を僅かに持ち上げながら、それから其処にそういう私達だけをそっくり完全に残したまんま通り過ぎていった。

（『風立ちぬ』）

人は、常に今にしか生きることができない。やわらかな風は、どこまでも今を愛せと告げる。語るのは自然であり、聴くのが人間であるという公理を、風は幾度となく示そうとする。この小説の、真の語り手は「風」である。「風」は、彼方なる世界がたしかに存在することを静かに、だが幾度となく告げる。

風は遍在する。風から逃れることはできない。ギリシア語で風を意味するプネウマは、いつの日か神の働きである「聖霊」を指す言葉になっていった。大いなるものは沈黙しているのではない。いつも、誰にも等しく語りかける。人がその声に気がつかないだけである。

風を「見る」ということ

ある日、男はバルコニーから、恋人はベッドに横たわったまま、同じ夕暮れの光景を見ている。いつもと変わらない風景だが、男はこれまでに感じたことのない幸福感に充たされる。同時に、今後、同様の経験はないだろうことも予感されている。また、老いてもなお、この美しい光景がよみがえってきて、二人にふたたび幸福な感情を届けてくれることを夢想する。するると節子が声をかけ、会話が始まる。

男は、先に見た光景を胸に抱きながら、今の生活をのちに思い出したなら何と美しく感じることだろうと語る。彼女も、そうかも知れないと応えながら、「あなたはいつか自然なんぞが本当に美しいと思えるのは死んで行こうとする者の眼にだけだと仰《おっ》しゃったことがあるでしょう」と呟くように言うのだった。

この言葉は、男にとって、ほとんど啓示的といってよい出来事だった。彼は、世界を「見て」いたのは、自分ではなく、自分たちだったことを知る。男は内心でこう語った。

そうだ、おれはどうしてそいつに気がつかなかったのだろう? あのとき自然なんぞをあんなに美しいと思ったのはおれじゃないのだ。それはおれ達だったのだ。まあ言ってみれば、節子の魂がおれの眼を通して、そしてただおれの流儀で、夢みていただけなのだ。……それだのに、節子が自分の最後の瞬間のことを夢みているとも知らないで、おれはおれで、勝手におれ達の長生きした時のことなんぞ考えていたなんて……

(『風立ちぬ』)

美にふれることと幸福は、ほとんど同義だといってよい。幸福の出来事は朽ちることがない。

幸福の経験を「見えない」形見にしたいと節子は願う。一切口に出すことなく、しかし、何か大いなるものにむかって切願している。

風の音だけでなく、遍在する美に開かれてゆく自分の「眼」を実感するたびに節子は、死が迫りくるのを感じていた。ほどなく彼女は死に、男は独りで山に暮らしている。彼は死者の実在を疑わないが、ときどきにしか彼女を感じられないことに苦しむ。

「この数日、どういうものか、お前がちっとも生き生きと私に蘇《よみがえ》って来ない。そうしてときどきこうして孤独でいるのが私には殆どたまらないように思われる」と小説には書かれている。死者は不在なのではない。見えないだけである。この一節には次のような文章が続く。

朝なんぞ、煖炉《だんろ》に一度組み立てた薪がなかなか燃えつかず、しまいに私は焦《じ》れったくなって、それを荒あらしく引っ掻きまわそうとする。そんなときだけ、ふいと自分の傍らに気づかわしそうにしているお前を感じる。——私はそれから漸《や》っと気を取りなおして、その薪をあらたに組み変える。

（『風立ちぬ』）

自暴自棄になりそうな男に、静かに死者が寄り添う。この光景を「見る」ことができる者がいたなら、荒々しく動く男をゆっくりと抱きしめようとする女性の姿を発見するだろう。

同様の記述は、この小説に幾度も出てくる。男はかつてはっきりと、風の語り、風の意味、風のコトバを読み取ったように、死者の臨在を感じる。ときにその存在は、節子が生きているときよりもより近く、より確かに感じられるのだった。

息を切らしながら、思わずヴェランダの床板に腰を下ろしていると、そのとき不意とそんなむしゃくしゃした私に寄り添ってくるお前が感じられた。が、私はそれにも知らん顔をして、ぼんやりと頰杖をついていた。その癖、そういうお前をこれまでになく生き生きと——まるでお前の手が私の肩にさわっていはしまいかと思われる位、生き生きと感じながら……

ここに描き出されているのは、人間が経験し得るもっとも深い幸福の情景の一つでもある。このとき男は肩に、触覚だけでなく、温感すら感じていたかもしれない。ここには驚嘆すら描き出されている。男は、状況に大きな変化を感じるが動かない。機嫌を直したりはしない。そうした途端、死者を感じられなくなることを、男は危ぶんでいる。

死者は生者から目を離さない

死者は、必要なとき、いつも生者のもとを訪れる。生者が助けを求めるとき、死者は必ず応える。死者は生者をけっして孤独にはしない。しかし、生者が切望したものは、生者が望むような姿をして顕われるとは限らない。

姿を見失うのはいつも、生者であって死者ではない。死者は「見る」。生者の魂を見る。生者はときに自己を見失う。

生者は、悲しみによって、やるせない怒りによって、また、耐えがたい宿命の重荷によって自分がどこにいるのかを忘れる。だが死者は、けっして生者から眼を離さない。このとき死者は、生者にとって、自分よりも自己に近い、不可視な隣人になる。死者は、あるとき、どこまでも遠くに感じられる。だが、あるときは、自分すら知らない自己の内なる奥の部屋に身を寄せている。

冬のある日、男は林に入る。だが雪雲が広がってきたので引きかえす。道を間違えたらしく、自分の足跡すら分からなくなる。雪で覆われた山には目印となるような物は何もない。雲が広がった雪山の林は暗い。男は不安にかられながらも自分の小屋をめがけて突き進む。

いつからともなく私は自分の背後に確かに自分のではない、もう一つの足音がするような気がし出していた。それはしかし殆どあるかないか位の足音だった……
　私はそれを一度も振り向こうとはしないで、ずんずん林を下《お》りて行った。そうして私は何か胸をしめつけられるような気持になりながら、きのう読《よ》み畢《お》えたリルケの「レクイエム」の最後の数行が自分の口を衝いて出るがままに任せていた。

（『風立ちぬ』）

男の理性は危機を認識しているが、しかし、男に宿るもう一つの力は判然と死者の随伴と安心を感じている。一人でいるはずの雪山で彼は微かに、自分以外の足音を聴く。死者の姿は見えない。しかし彼は、死者が指し示す不可視な道標を「見ている」。そうでなければどうして「ずんずん林を下りて行」くことができるだろう。彼はその不可視な光を感じながら、自分を襲う何ものかから、身を挺《てい》して守ろうとする死者となった恋人の存在を感じる。すると、彼の口から自ずとリルケの「レクイエム」の終りの一節が衝いて出る。

帰っていらっしゃるな。そうしてもしお前に我慢できたら、
死者達の間に死んでお出《いで》。死者にもたんと仕事はある。
けれども私に助力はしておくれ、お前の気を散らさない程度で、
屢々《しばしば》遠くのものが私に助力をしてくれるように——私の裡《うち》で。

男は死者の守護にどこまでも深く感謝しながら、これ以上の介入をしてはならないと死者にやさしく語りかける。そう言いながら同時に、「私に助力はしておくれ」とも懇願する。「遠くのもの」が、時折、手を差し伸べてくれるように、「私の裡で」死者であるお前も助けて欲しい、と男は恋人に語りかける。

この小説には先の詩の前に一度だけ「助力」が語られる光景がある。男は物書きで、彼女は自分の世話ばかりではなく、書くことにも時間を費やして欲しいと告げる。

「ああ、それはおれの好きなように書くともさ。……が、今度の奴はお前にもたんと助力して貰わなければならないのだよ」

「私にも出来ることなの？」

「ああ、お前にはね、おれの仕事の間、頭から足のさきまで幸福になっていて貰いたいんだ。そうでないと……」

節子には、目の前で書く姿を見なくても、書いている男を感じるとき、共に何かを作り上げている実感があった。人は、肉体は離れていても、思いによって強く結びつき、協同することが出来る。それが二人の実感だった。

生前の彼女の思いが飛び火するように、男もまた「一人でぼんやりと考え事をしているのよりも、こうやって二人で一緒に考え合っているみたいな方が、余計自分の頭が活潑に働くのを異様に感じ」ているのだった。

「足音」を感じながら男は、それが内なる世界から響いてくるのを感じている。

「帰っていらっしゃるな」、と発する男の心中をよぎっているのは死者との訣別ではない。むしろ、内なる世界への扉が開かれたことへの自覚である。この出来事は彼に、風がどこから吹くのかを思い出させた。

外部世界は内なる世界の「現象」に過ぎない。死とは彼にとって、外部世界から去り、内なる世界に生まれることだった。世界が真に存在するのは、「内なる世界〔Weltinnenraum〕」においてであるとは、リルケの、また、堀辰雄の確信だったのである。

第七章　待つ　リルケと詩が生まれるとき

© ROGER_VIOLLET

突然訪れた「ドゥイノの悲歌」

老年の遠藤周作（一九二三～一九九六）に『死について考える』と題する著作がある。一九八七年、遠藤が六十三歳のときに出版された著作で、題名通り遠藤は、死が迫りくる実感を、敬愛した文学者たちの最期にふれながら、率直な言葉で語っている。談話録で、執筆された作品ではないのだが、遠藤周作の文学を理解しようと思う者には必読の一冊だと思われる。むしろ、書かれたものではないからこそ、言葉になったと感じられるところが随所にある。その一例だが遠藤は、沈黙をめぐって次のように語っている。

ひょっとすると、別世界の言葉を私たちは理解できないから、それが沈黙に見えるだけかもしれない。それを日常の言葉では理解できないから、沈黙としか我々には思えないのかもしれない。

沈黙だと人が断じるのは、自らの感覚を超えたものの訪れを認めようとしないからではないか。この世界の彼方で語られていることは、私たちが理解する言葉とは別な秩序をもっているのかもしれない。沈黙とはむしろ、何ものかの雄弁な語りかもしれないというのである。『沈黙』と題する代表作をもつ小説家が、このように沈黙を感じていたのは興味深い。

人間の日常的な意識では理解できない「別世界の言葉」は、当然ながらすでに言語の姿をしてはいないだろう。だが、言語だけが意味を表わすと考えるのは、現代に生きる人間による狭隘な取り決めに過ぎない。

かつて、自然の動きは超越のコトバだった。ときに雨は言語よりも鮮明に神の意思を表わした。だが、誰もがそれを認識できたわけではない。旧約聖書の時代、それを感じとる者は預言者と呼ばれ、東洋では巫覡と呼ばれた。ある人々は、そうした人間を聖者と称したりもする。

古代中国の哲学、文学を決定したのは、巫覡の詩学だといってよい。この頃まだ、詩と哲学は一つだった。『楚辞』の中核的人物である屈原（前三四三頃〜前二七七頃）、孔子、老子も皆、巫者の伝統に連なる者だった。万葉における柿本人麻呂も同系の伝統に生きた。彼らには、自己の思想、自己の芸術は存在しない。屈原が謳《うた》ったのは異界の響きであり、孔子が発したのは天からの声だった。老子が語ったのは「道」が照らし出す永遠であり、荘子はそれをときに詩に謳いあげた。人麻呂は歌人である前に、言葉をもって魂に呼びかける祭司だった。彼らは語る人である前に、聴く者だった。彼らが語ったのは、何ものかが彼らに託したコトバだった。

声がする、声が。聴け、わが心よ、かつてただ聖者たちだけが
聴いたような聴きかたで。巨大な呼び声が
聖者らを地からもたげた。……
……おまえも神の召す声に
堪えられようというのではない、いやけっして。しかし、風に似て吹きわたりくる声を聴け、
静寂《せいじゃく》からつくられる絶ゆることないあの音信《おとずれ》を。

詩人リルケの代表作『ドゥイノの悲歌』（手塚富雄訳）の一節である。大地からの轟《とどろ》きが起こる。詩人はそれを「声」として、呼びかけとして認識する。だが、その一方で、うねりのような大地の「声」、「神の召す声」には、ほとんどの人間は堪えられない。

多くの人間にとって、神の「声」にふれることは歓喜であるより、堪えがたい戦慄の経験と

なる。詩人は、そうした苛烈な出来事を人々に強いるのではない。彼が、私たちに聴くことを強く促すのは、もう一つの「声」である。この詩には次の一節が続く。「あれこそあの若い死者たちから来るおまえへの呼びかけだ」。風のように吹きわたり、静寂のうちに生みだされる絶えることのない「音信《おとずれ》」とは、死者の声である。神の言葉を聴くのは難しい、それを聴くのは聖者の使命であるならば、聖者ではない私たちはせめて死者の声を聴こうと、リルケは言う。

ドゥイノはある時期リルケが暮らしていた場所の名である。『マルテの手記』を書き上げた彼は休息を取っていた。そんなとき突然、詩作の契機が訪れる。

ある日、リルケは事務的な手紙を受け取り、そのことを考えながら屋外へ出た。彼が当時暮らしていたドゥイノの古城は、海が見える場所にあった。少し歩き、城から海の方へ降りていくと六十メートルほどの崖になっている場所に出た。そのとき、激しい風が吹き、波は銀と青がまじりあったように光っていた。詩人はふと立ち止まる。そして、彼は自然のざわめきのなかに一つの声を聴く。

ああ、いかにわたしが叫んだとて、いかなる天使が
はるかの高みからそれを聞こうぞ？

この一節をリルケは手帖に書く。そして、連なるようにして出て来た言葉も記録した。「よ

し天使の列序につらなるひとりが／不意にわたしを抱きしめることがあろうとも、わたしはその／より烈《はげ》しい存在に焼かれてほろびるであろう」。詩の冒頭にあるこの言葉が彼のもとを訪れた。より精確にいえば、彼を襲ったのだった。

岸壁に立ったとき、彼に訪れたのは天使である。天使は意思をもたない。神の思いを伝える使者である。天使との邂逅もまた、リルケにとっては慄きの経験だった。だからこそ、この詩の冒頭には「すべての天使はおそろしい」と記されなければならなかったのである。こうして悲歌は始まった。

彼方なる世界からの呼びかけ——遠藤周作のリルケ論

『ドゥイノの悲歌』は、完成までに十年の歳月を要した。一九一二年に書き始められ、二二年に終えられた。彼は詩を書こうとしたのではない。突然、言葉が訪れたのである。その到来に抗うことはできなかった。彼にとって詩作とは、想念を語る言葉を探すことではなかった。言葉の到来をひたすら待つことだった。彼の創造は、書くことにではなく、待つことのなかにあった。詩人は、どんな作品が出来上がるのかを自分でも知らない。実感から言えば彼は、詩の作者であるより記録者だった。彼の秘密は、書くことよりも沈黙にあった。別な言い方をすれば、十年に準じる沈黙が、この詩を生んだ。リルケもまた、東洋の哲人たちと同様、聴く者だった。

この詩篇は、十の悲歌からなるが、順序立てて詩が書かれたのではない。第一、第二の悲歌が書かれ、第三と最後の第十の悲歌の冒頭の言葉が顕われた。このあとも、それぞれの悲歌の部分が、舞い降りるように彼にもたらされた。

第四の悲歌までは、どうにか順序通りに完成するが、そのあとに完成したのは、第七、そして第八、第九、これに続いたのが、第六の悲歌、その次が第十、最後に出来あがったのは第五の悲歌だった。

いつ、どの言葉がもたらされるのかは、リルケにも分からない。彼の仕事は言葉を受けとることだった。この作品のなかで彼は、詩作とは真の語り手からの「委託」を受けることだといい。悲歌は単に悲しみを謳ったものではない。それはむしろ、悲しみの彼方にあるもの、あるいは彼方の悲しみを謳うものである。

そうだ、年々の春はおまえをたのみにしていたのではないか。あまたの星はおまえに感じとられることを求めたのだ。

過去の日の大浪《おおなみ》がおまえに寄せてきたではないか。または、

開かれた窓のほとりをすぎたとき、

提琴の音がおまえに身をゆだねてきたではないか。それらすべては委託だったのだ。

春も、星も、波も、提琴の旋律さえも、思いを託そうと、自らに秘められた沈黙の言葉を読みとる者を探している。リルケにとって詩とは、この世界を謳いあげる言葉の芸術であるより、彼方なる世界からの呼びかけであり、彼方なる世界があることを人間にまざまざと告げ知らせる出来事だった。彼に言葉を「委託」したのはときに天使であり、ときに死者だった。

詩で謳われていることだけが重要なのではない。詩が生まれていること自体が深甚な意味を有するのである。超越が存在することに比べれば、それが何を語ったかは二次的な問題に過ぎない。

沈黙を接点に、遠藤周作からリルケへと論点が移ったが、これは飛躍であるより、現代日本文学史の小さな、しかし、決定的な一場面に還ることでもある。若き遠藤が、師である哲学者吉満義彦（一九〇四〜一九四五）の紹介で堀辰雄に会い、その縁で堀の親友である神西清とつながり、文壇的処女作「神々と神と」を書く。そこで遠藤が最初に語り始めたのはリルケであり、『ドゥイノの悲歌』だった。

自分はリルケをよく知らないと断りながら書き進める遠藤のリルケ論は、今日リルケを研究している者には少なからず違和を感じさせるかもしれない。超越に対し、日本人は受け身であろうとするが、リルケは違い、能動的に動く、と書いているのも、先に見た『ドゥイノの悲歌』の成立が、むしろ待つことにあったと考えると、的を射ているとは言い難い。

この作品で遠藤は、リルケから影響を受けた堀辰雄が、いかにリルケと別な文学空間で生きていたかを論じる。

「生は運命より高い」と語ったリルケの言葉を主題に堀は、『かげろふの日記』を書いた。そこに描かれ、かつ、肯《うべな》われた生の姿勢は、「受身美しさを帯び」、「諦めに似たものの夕暮の光が、交錯して」いる、と遠藤はいう。すなわちリルケの能動的姿勢が、堀辰雄にあっては、受身的に屈折されながら、この生を、この地上世界を肯っているとも書いている。

これまで見てきたように、リルケは「能動的」であったことはなかった。それは詩人の態度ではないとリルケには感じられていた。

誰が語ったか、という論点に立つとき、若き遠藤は、自身も案じていたようにリルケを、あるいは堀すらをも著しく「誤読」している。だが、何が語られたかという視座に立つとき、遠藤の認識は、半世紀をゆうに越えた今でも重大な問いかけであり続けている。

対象の認識においては誤っているが、その彼方に見るものには大きな意味がある。そうした一見すると矛盾するようなことは、文学だけでなく哲学あるいは芸術においてもしばしば起こる。

超越を前にした人間が、受動的でありながら、同時に創造的であることを遠藤は、しっかりと感じている。受動的であることによって人間に秘められた創造性が開花することを彼は、言葉を通じた理解とは別な、一種の体感のような感覚で認識している。老年の彼の表現を借りれば、「別世界の言葉」は、それを全身で受容しようとする者にだけ秘められた意味を開示することを、すでに感じとっている。

二十四歳の遠藤が書いたこの一文に読みとるべきは、見解の正しさではない。見過ごしてはならないのは、遠藤がこの言葉を彼の血で書いていることである。この一文は知識によって書かれていない。散見される「誤読」のあとも、それを物語っている。彼は、感じたことを記している。それが言葉になるとき、最初に衝撃を受けるのは他人ではなく自分であることを知りながら、彼はこの一文を書いている。他の誰かが読むことがなかったとしても彼は、この作品を書いただろう。そうした動機によって書かれる作品はある。それゆえにこそ多くの人に開かれているともいえる。

「神」と「神々」

当時からすでに遠藤にとって、超越は多層的だった。日本、あるいは東洋の神々と、彼が信仰するキリスト教における「神」の拮抗は、彼の生涯の主題となった。キリストを信仰する伝統をもたない日本人が、いかに根源的な意味において「キリスト者」たり得るかを問い続けた。問いを最初に耳にするのは、それを発した者である。事実、彼はこの問題を生きることで証《あか》ししようとした。「神」と「神々」がどう共存し得るのかという問いへの形而上的応答となったのが、晩年に書かれた『深い河』だった。この作品では、多神教における「神々」を在らしめているのも、一なる「神」であることが描き出されている。

一九〇〇年、二十四歳のリルケは『神さまの話』と題する物語を書いている。ここでリルケが考えたのも、同年代の遠藤が感じていた「神」と「神々」の問題だった。人間が「神」をいつも傍らに感じていた時代、祈りの姿も異なっていた、とこの物語には記されている。

「昔のひとは、こんなふうに、お祈りしていました」僕は、両の腕を、ひろげてみせました。「当時は、神も、恭順の気持するると、おのずから、胸のひろやかになるのを、覚えました。と暗黒をいっぱいにたたえた、これらの深淵のことごとくへ、すすんで、お身を投じてゆかれました」

（谷友幸訳）

人間が手を広げていれば、神はそこに豊かに恩寵をもたらした。祈りとは、何かを念じ、願うことではなく、「神」の訪れを待つことだったというのである。だが、人と「神」の蜜月が終わり、新しい信仰が起こった。新しい戒律が生まれた。その告知者がまず行ったのは祈禱の方法を変えることだった。

手を合わせ、祈ることが務めとなった。「両腕をひろげる身ぶりは、ついに、卑しむべき、邪悪の振舞いということになりました」、そして、手を広げ祈ることが「苦難と死の象徴にほかならぬことを、諸人に、示すために、それを、十字架へ、はりつけにしてしまったのです」、と書いている。

胸を開くように両腕を開いて祈っていたのはイエスである。この人物は死んで、人々はいつからか手を合わせて祈るようになる。そうすることで人は、「神」の声を聴くのではなく、自分の心を覗き込むようになった。語るのは自らの希望ばかりで、自分に訪れる「別世界の言葉」には気がつかなくなってしまう。

祈るとは、いつも受身の営みでなくてはならない。リルケにとって詩は、祈りとほとんど同義だった。詩を書くことは祈ることだった。祈るとは、詩作がそうであるように、言葉に身を捧げることでもある。

内へ入る、内からやってくる

『若き詩人への手紙』として知られるリルケの書簡がある。リルケの書簡は多く残っている。作品が生まれない間、彼はひたすら手紙を書いた。死者と天使の言葉が自分に降りてくるまで彼はずっと待つ。彼はそれを自らに課せられたことだと考えていた。ある少女に送った手紙に彼はこう書いている。

けさ数えてみたのですが――百十五通の手紙を書いたわけです。しかもどれ一つとして四頁を下るものはありません。〔中略〕こんなにも沢山の人々が、私から――私にもよくわからないのですが――何かを、助けを、助言を期待しているのです、仮借なく圧し迫ってくる人生の問題に自ら途方に暮れている此の私から。でも私はその人々が勘違いをしている思違いをしている、とはよく承知していながら、それでも私は――そしてこれは単なる虚栄だとは思えないのですが――何か私の経験から、私の長い孤独の幾つかの果実をこの人々に与えようとせずにはいられません。

（『リルケ書簡集　ミュゾットの手紙』高安国世訳）

ここに書かれている状況は、リルケの手紙を受けとる一人一人には知られない。この少女を別にすれば、リルケの秘密だった。同じ手紙で彼は、「これは書くというよりは、ペンで呼吸をしているようなものです」とも書いているが、ひとりひとりの悲痛な叫びを感じながら、長文の手紙を書くリルケの姿は、詩人であるより、異教の修道者のようにすら映る。また、彼にとって手紙を書くとは、詩神の訪れを待つことと同じだった。

ある日、面識のない、詩を書く青年が、突然、手紙と共にリルケに作品を送り付けた。リルケは詩を読むだけでなく、丁寧な手紙を付して返送した。そこでリルケは青年にこう語った。「あなたは外へ眼を向けていらっしゃる、だが何よりも今、あなたのなさってはいけないことがそれなのです。誰もあなたに助言したり手助けしたりすることはできません、誰も。ただ一つの手段があるきりです。自らの内へおはいりなさい。あなたが書かずにいられない根拠を深くさぐって下さい。〔中略〕もしもあなたが書くことを止められたら、死ななければならないかどうか、自分自身に告白して下さい」（『若き詩人への手紙』高安国世訳）。

外に眼をむけるとき、人は行動する。積極的に何かを探す。だが、詩を書こうと思うなら、それをまっさきに止めなくてはならない、そして、内へ入れとリルケはいう。ここでの「内」とは、現代人が考える内面ではない。深層心理学が説く無意識でもない。先に見たようにリルケはそれをドイツ語ではWeltinnenraumと書く。彼の造語で、直訳すると「世界Welt内面innen空間raum」となる。今日では「内部世界」と訳されるが、ここでの内部は内と外における内ではない。むしろその関係は、現象と実在、あるいは肉体と魂の関係に近い。

さまざまな現象の奥に、私たちは実在と呼ぶべき何ものかの存在を感じる。存在するものの奥に、それを存在させている働きを感じることがある。肉体にふれながら、その人の魂を感じることがある。

肉体という現象を支えているのは、魂という実在である。魂は内なるものだが、肉体を包んでもいる。だからこそ、私たちは、肉体的な衝撃以外でも暴力的な言動にふれるとき、身を傷つけられるように心にも衝撃を感じる。

この構造は、私たちが暮らす世界空間にも当てはまる。世界の奥に「内なる世界」があるのではなく、「内なる世界」がこの現象界を包む。そこはもう一つの世界、遠藤がいう「別世界」である。そこは生者の世界ではない。死者と天使の境域である。

詩は、いつも「内なる世界」からやってきた。先に見たのと同じ手紙でリルケは、詩が「内なる世界」から現出する瞬間を描き出す。

この内面への転向から、この自己の世界への沈潜から詩の幾行かが立ち現われてくる時、その時あなたはもはやそれがよい詩であるかどうかを、誰かに尋ねようなどとはお考えにならないでしょう。〔中略〕なぜなら、あなたはその詩の中に、あなたの心ゆく自然な所有を、あなたの生命の一片、あなたの生命の声を見られるだろうからです。

(『若き詩人への手紙』高安国世訳)

詩を作る者が詩人なのではなく、詩が通り過ぎる人間を詩人と呼ぶのがふさわしい。詩人が詩を書くのではない。「内なる世界」からの呼びかけを詩人が受け止める。詩人が何かを語るのではなく、何ものかが語る通路になる。

花を見る。その人物が詩人であれば、言葉を紡ごうとするだろう。音楽家であれば、彼が書くのは音符かもしれないし、突然旋律を口ずさむかもしれない。彫刻家は、精緻に花の姿を木に刻み込む。

永遠に通用する幸福《さち》の貨幣を、そのわざを頌《ほ》めたたえて惜しみなく投げあたえるだろうか、
いまや安らぎをえた毛氈の上についにほんとうの微笑《ほほえ》みをみせている
二人の前に?

(『ドゥイノの悲歌』手塚富雄訳)

この一節で謳われているのは大道芸人たちの姿である。芸人はこの世で、精一杯演技をする。その姿は常人の身体の動きをはるかに超え、観客は驚嘆し、大きく声を上げる。だが、真の観客は別にいる。「固唾をのんで見まもる数限りない観衆、あの死者たちを前に」とあるように死者は、芸人たちの悲しみをわが身に映しとろうと集まってくる。

芸人たちは身を賭して芸を行う。生者は芸を見ながらしばしば金を出すことを渋るが、死者たちは彼らが祈りのように捧げる営みに、どうして「永遠に通用する幸福の貨幣」を出さずにいられようかと、リルケは謳う。

一枚の絵の彼方に、また、かつて街中で見た光景の向こうに、リルケはもう一つの世界を見る。芸人たちの技芸が死者への捧げものになるように、詩もまた、死者からもたらされ、死者へと捧げられ、天使からもたらされ、天使に捧げられる。

パリで大道芸人を見たときから、この詩がリルケにもたらされるまで、すでに二十年の歳月が経過していたのである。待つことはときにもっとも勇気を要する営みとなる。

第八章　感じる　神谷美恵子の静かな意思

「生きがい」とは心に響くもの

「存在する」ことは五つの感覚で確かめることができる、現代人の多くはそう信じている。だがそもそも人間の感覚は、五感を超えていることを忘れている。五つの感覚が感覚の一部でしかない証左は、私たちが日常使っている表現に満ちあふれている。

たとえば、直観的に理解することを「読む」という。未来も、空気も、また、心さえ読むという。来るべきときも雰囲気も、心もまた、見ることも、さわることもできない。それにもかかわらず、私たちはその営みを自然に「読む」と呼ぶ。

読心が、mind-readingの訳語であることが示しているように、これは日本文化特有の現象ではない。だが、読心という言葉が出現してから、私たちが心を読むようになったのではない。事実、「読」の字にはもともと、「わかる」「よみとる」の意がある。

日本語には、感覚を架橋する言葉、あるいは五感を超えてゆく表現が少なくない。特にそれが散見されるのは日本の詩歌、和歌と俳句である。むしろ、そうした表現が存在しなければ日本の詩歌は成り立たない。

先に見たように「匂う」とは、嗅覚を表わす動詞であると共に、光が事物を照らし出すさまを示す。「見る」とは、事物を目撃する事であると共に、その魂あるいは霊的存在と交わることだった。さらに、「眺める」とは恋する人を思うことでありながら、彼方なる世界を洞察することでもあった。

「よく見ればなずな花咲く垣根かな」と松尾芭蕉（一六四四〜一六九四）が謳うとき、彼が「見て」いるのは一輪の薺《なずな》であると共に異界への扉である。ここでは「垣根」すら象徴的な意味を強く持っている。日本の古い詩歌に用いられる動詞のほとんどが、形而上、形而下両面の意味を具えている。さらにいえば、言葉とは元来不可視な世界をも包み込む多層性をもつことを、詩歌は如実に物語っている。詩歌だけではない。香道を生きる人々は、香りを嗅ぐではなく、香《こう》を聞くという。茶道の人々は、茶を淹れるではなく、茶を点てるという。

点はかつて、「點」と書いた。点の文字の起源にさかのぼると、茶を点てることに秘められた「宗教的」な意味が浮かび上がってくる。白川静の『字通』によると、『荊楚歳時記』に、「八月十四日、民家では児童の額に朱をつけて病除けとする俗があり、天灸また点額という。わが国のアヤツコに類する俗である」と書いている。「宗教」とは比喩ではない。茶道とは、日本の霊性における「美の宗教」であると、岡倉天心（一八六三〜一九一三）は『茶の本』で語った。この本を天心は、次の一節で始めている。

「茶は、薬用として始まり、のちに飲料となる。八世紀中国では高雅な遊びの一つとして詩歌の域に達した。十五世紀に至り日本は、これをさらに高めて一種の美の宗教、すなわち茶道にまで進めた」（筆者訳）。ここで天心が「宗教」と語っているのは、教典や教義あるいは教祖によって秩序立てられた社会的集団ではない。むしろ、体系立てられ、組織立てられることを拒む何ものかである。

宗教というものを、既成宗教や宗派の枠にとらわれずに、教義や礼拝形式などの形をとる以前のもの、またはそれらを通してみられるもの、つまり、目にみえぬ人間の心のありかたにまで還元して考えるならば、それは認識、美、愛など、精神の世界のあらゆる領域に浸透しているように思われる。

文体の違いから分かるだろうが、これは天心の言葉ではなく、神谷美恵子が『生きがいについて』に書いた一節である。「目にみえぬ人間の心のありかた」にむかって、どこまでも開かれてゆくことを拒み、狭義の宗派に閉じこもるとき、「宗教」もまた、貧しい感覚世界の現象に堕する可能性がある、と神谷はいう。

神谷美恵子（一九一四〜一九七九）は、精神科医であり、『生きがいについて』、『人間をみつめて』、『こころの旅』などの著作によって知られる著述家でもあった。また、ミシェル・フーコー（一九二六〜一九八四）との交流があったことが端的に示しているように彼女は、精神医学を礎にしながら、分野、領域を架橋する現代思想の語り手でもあった。言語の習得に優れていて、マルクス・アウレリウス（一二一〜一八〇）の『自省録』の翻訳をはじめ、哲学、医学、あるいは文学までを射程にした優れた翻訳も残している。先にあげた彼女の著作群も、彼女一個の生涯と思想を考えるためにだけでなく、その時代と現在、そして来るべき時代を照射する言葉としても再読することが求められている。主著は『生きがいについて』である。

五感に頼ることは、感覚を束縛することなのかもしれない。たとえば「生きがい」を感じるとき、人はどのようにそれを感覚しているのだろうか。神谷美恵子は、「生きがい」の根幹をなすものとして、他者から必要とされることを挙げている。

君は決して無用者ではないのだ。君にはどうしても生きていてもらわなければ困る。君でなくてはできないことがあるのだ。ほら、ここに君の手を、君の存在を、待っているものがある。――もしこういうよびかけがなんらかの「出会い」を通して、彼の心にまっすぐ響いてくるならば、彼はハッとめざめて、全身でその声をうけとめるであろう。

（『生きがいについて』）

「生きていてもらわなければ困る」、と語る声を聴いたときにだけ、私たちは「生きがい」を感じるのだろうか。「手」を、「存在」を待っている、との記述があるように、ここで神谷が語る「出会い」は、身体的感覚を超え、直接、心に響いてくる出来事なのではないだろうか。「心」という表現を神谷が用いるとき、それは彼女の専門だった精神医学では全貌を捉えきれない何ものかを指す。彼女は、「生きがい」は心においてのみ感じ得るものと考えていた。「人間が最も生きがいを感じるのは、自分がしたいと思うことと義務とが一致したときだと思われる」と書かれているように、この著作において神谷は「感じる」という統合的経験の原点へと還ろうとする。見失われたのは「生きがい」という人生の根源的な意味ではなく、それをまざまざと認識する人間の力であることを語り上げようとする。

人々のなかへ入ってゆく

喪失し、二度と見《まみ》えることがないと思われていたが、ある言葉との邂逅がきっかけになり、ふたたび、その存在をまざまざと感じるという経験はないだろうか。逆に言えば言葉を見失うということはときに、その対象を見失うことでもある。

言葉を発見するということは、その存在自身にふれること、それと交わることでもある。言葉との出会いには人生を大きく変える力が潜んでいる。そうした言葉の典型が「生きがい」である、と神谷は語る。生きがいを論じるにあたって彼女は、この言葉が、日本語特有の意味合いをもつことに着目する。

生きがいということばは、日本語だけにあるらしい。こういうことばがあるということは日本人の心の生活のなかで、生きる目的や意味や価値が問題にされて来たことを示すものであろう。

〔中略〕これを英、独、仏などの外国語に訳そうとすると、「生きるに価する」とか、「生きる価値または意味のある」などとするほかはないらしい。こうした論理的、哲学的概念にくらべると、生きがいということばにはいかにも日本語らしいあいまいさと、それゆえの余韻とふくらみがある。

（『生きがいについて』）

さらに彼女は、「生きがい」というとらえどころのない一語が、「日本人の心理の非合理性、直観性をよくあらわしているとともに、人間の感じる生きがいというものの、ひとくちにはいい切れない複雑なニュアンスを、かえってよく表現しているのかも知れない」とも書いている。

ここで語られているのは、単に言語をめぐる問題だけではない。むしろ、見過してはならないのは、「生きがい」という生存の根源を論じる態度である。さらにいえば、ここに見るべきは、西洋から輸入した従来の精神医学という方法論の放棄である。神谷は「生きがい」を、けっして観念化したり、概念化したりしない。真に「生きがい」とは何かを知ろうとするものは、まず白衣と手袋を捨て、人々のなかへと入って行かなくてはならない、と神谷は考えた。『生きがいについて』の序章は、次の一節から始まる。

平穏無事なくらしにめぐまれている者にとっては思い浮かべることさえむつかしいかも知れないが、世のなかには、毎朝目がさめるとその目ざめるということがおそろしくてたまらないひとがあちこちにいる。ああ今日もまた一日を生きて行かなければならないのだという考えに打ちのめされ、起き出す力も出て来ないひとたちである。

この一節から書き始められていなかったら、この著作は、今日まで読まれ続けることはなかったかもしれない。ここにあるのはすでに、観察者の文章ではない。書き手もまた、問題のなかに没入している。傍観という造られた客観の立場にあるものにはとうてい書くことのできない言葉の律動を、多くの読者はこの一節に感じたのではなかったか。『生きがいについて』が刊行されたのは一九六六年である。およそ半世紀を経過しようとしている今日も、この著作は新しい読者との出会いを続けている。
生きる義務感に耐えられず、起き上がることすらままならない人は「あちこちにいる」、と語り始められた先の一節には、次の言葉が続く。

たとえば治りにくい病気にかかっているひと、最愛の者をうしなったひと、自分のすべてを賭けた仕事や理想に挫折したひと、罪を犯した自分をもてあましているひと、ひとり人生の裏通りを歩いているようなひとなど。

最初に難病に苦しむ人が想起されているようにこの本は、神谷が一九五七年からはじめた、岡山県にあるハンセン病療養施設長島愛生園に暮らす人々との交わりのなかから生まれている。愛生園は「島」にある。現在では伝染力がきわめて弱いことが分かっているだけでなく、完治するハンセン病が、遺伝と感染によって広がるといった風説に覆われている時代が長くあった。療養施設も、今では橋でつながれているが、かつては完全に隔離された孤島だった。
「島へ来た目的は調査であったのだから、目的を果したら、それでまた島とは縁が切れるはずであった。ところが、そうはならなかったのだから、どうしてもここに仏教的な縁ということばを使いたくなる」（『人間をみつめて』）と書いているように、当初彼女がこの地を訪れたのは、精神医学の調査のためだった。言葉通り、『生きがいについて』の執筆以前に神谷は、愛生園の人々へのアンケートなどの統計結果に基づき、精神医学の論文を複数書いている。神谷が、臨床の医師としてきわめて優れた力量の持ち主だったことは周囲の人々の証言からもわかる。同時に彼女は、研究者としても異彩を放っていた。彼女にとって研究とは、臨床から離れた場で行われるものではなかった。現場での経験を未知なる同業の他者に、また将来の来るべき医療従事者に開示していく営みだった。

だが、ある時期から神谷は、積極的に研究者の立場を逸脱するようになる。調べるという視座からではどうしても見ることができない現実があることに気がつく。さらにいえば、調べ得ないことにこそ、実態に迫る鍵が潜んでいることを知る。

彼女がこの著作の構想を練り始めたのは、「島」に通うようになって二年後の一九五九年からである。ハンセン病という病を背負って寡黙に生きる人々の日常が神谷に、「生きがい」とは何かを教えた。「生きがい」は、見ることもふれることもできないが、たしかに存在することをまざまざと示したのだった。

肢体不自由である上に、視力まで完全にうしなってベッドに釘づけでいながら、なお窓外の風物のたたずまいや周囲の人びとの動きに耳をすまし、自己の内面にむかって心の眼をこらし、そこからくみとるものを歌や俳句の形で表現し、そこにいきいきとした生きがいを感じているひとはかなりいる。ベッドの上に端座し、光を失った眼をつぶり、顔をややななめ上むきにして、じっと考えながら、ポツリポツリと療友に詩を口授するひとの姿。そこからは、精神の不屈な発展の力が清冽な泉のようにほとばしり出ているではないか。

(『生きがいについて』)

ハンセン病はときに視力を奪う。療養施設には盲目の人が少なくない。神谷はそうした人々との交わりのなかで、視力を奪われた眼によってのみとらえ得る世界があることを知る。だが同時に彼女は、自らがそれを充分に感じ得ていないことを自覚している。この不可能性への深い認識が、『生きがいについて』の生命になっている。

他者の存在を感じる目

見えない人は、点字で言葉を読む。だが、ハンセン病はときに、指をも奪う。そうした人は、点字を唇と舌に当てて読んだ。点字の凹凸は、固く、やわらかな口唇と舌を傷つける。血にまみれながら本を読む者もいた。「舌読」という言葉すら生まれた。そこまでして読むのは自分のためだけではない。彼らは読んだことを覚え、読むことのできない友に語って聞かせるのだった。それが先の一節にあった「口授」の姿である。「精神の不屈な発展の力が清冽な泉のようにほとばしり出ているではないか」との一節もすでに科学者の記述ではない。病の重い後遺症を背負いながらも、生きることに誠実を尽くす者に、ほとばしる「光」を見た者の告白である。

「光」をめぐって神谷は、盲目になった詩人ミルトン（一六〇八〜一六七四）の言葉を引いている。「〔「光」は〕私が弱ければ弱いほどあざやかに輝き、私が盲になればなるほど、私の視力は明らかになるであろう」。ミルトンが巨編『失楽園』を書いたのは視力を失ってからである。ここでミルトンが「視力」と呼ぶ働きは、事物の色や形をとらえることはないが、不可視なものをしっかりとつかんで離さない。これはミルトンの告白であると共に、神谷が愛生園で見た、多くを語らない人々の境涯だった。

『生きがいについて』が、多くの人の手に渡り始めると、読者のなかには著者である神谷の考えを、もっと直接聴きたいというものが少なからず現われる。そうした声があがるほど、執筆にあたって神谷は、沈静の精神で臨むことを貫いた。ただし、彼女の心にあったのは、ふれた者の心を燃え上がらせるような静けさである。そうした力を秘めた静けさはある。私も愛生園でそうした人に接したことがある。愛生園で見た人々の魂にいつも燃えていた静かな炎が彼女に飛び火したのである。

「生きがい」はときに「使命感」と言いかえることができる、と神谷は書き、使命感を持つ人々との邂逅を次のように語る。

　このような使命感の持主は、世のなかのあちこちに、むしろ人目につかないところに多くひそんでいる。肩書や地位のゆえに大きく浮かびあがるひとよりも、そういう無名のひとびとの存在こそ世のなかのもろもろの事業や活動に生きた内容を与え、ひとを支える力となっていると思われる。（『生きがいについて』）

愛生園での生活は彼女にもう一つの眼を開かせた。それは観察する目ではなく、どこまでも他者の存在を感じる眼である。「ただ苦痛に対する科学的・技術的な対処のしかたを知るだけでなく、『苦しむ人間』に対する洞察をふかめなくてはならない」（『こころの旅』）と彼女は書いている。

病を見てはならない。病に苦しむ人間を見なくてはならない。病は存在しない。いるのはその十字架を背負う人間だけである。苦しみは存在しない。あるのは苦しむ人である。悲しみは存在しない。存在するのは悲しむ一個の魂である。

苦しみも悲しみも、きわまったとき人は、他者にそれを伝えることすらできなくなる。それほどに苦しみは深まり、悲しみは苛む。だが、苦しみを真に感じるのは、もう一つの苦しむ心である。悲しみを本当に慰め得るのもまた、悲しみである。苦しむ人間の姿を語りながら神谷は、『こころの旅』である女性の詩を引いた。

暗やみの中で一人枕をぬらす夜は

息をひそめて
私をよぶ無数の声に耳をすまそう
地の果てから　空の彼方から
遠い過去から　ほのかな未来から
夜の闇にこだまする無言のさけび
あれはみんなお前の仲間達
暗やみを一人さまよう者達の声
沈黙に一人耐える者達の声
声も出さずに涙する者達の声

ここに記されているのはひとりの若い女性の経験でありながら、言葉は、普遍の領域を指し示している。苦しみは別なところで苦しむ者への恩寵となる。人知れず独り悲しむ者は不可視な領域で無数の人とつながっている。なぜなら、この世に悲しみを知らない者など存在しないからである。

作者はブッシュ孝子（一九四五～一九七四）という。彼女は世に言う詩人ではなかった。その詩は、彼女の没後、教育学者でもあり詩人でもあった周郷博によって編纂され『白い木馬』として公刊され、衝撃を与えた。孝子は、旧姓を服部という。彼女は乳がんを宣告されたあと、ドイツ人ヨハネス・ブッシュと結婚し、二十八歳で亡くなる二週間前まで詩を書き続けた。

同様の光景は、愛生園にもあったのだろう。孝子の詩集が世に出る前に書かれた『生きがいについて』にある次の一節は、そのまま孝子の詩に捧げる高次な批評であり、頌歌になっている。

ひとたび生きがいをうしなうほどの悲しみを経たひとの心には、消えがたい刻印がきざみつけられている。それはふだんは意識にのぼらないかもしれないが、他人の悲しみや苦しみにもすぐ共鳴して鳴り出す弦のような作用を持つのではなかろうか。〔中略〕しかしもしそこにあたたかさがあれば、ここから他人への思いやりがうまれうるのではなかろうか。

孝子の詩は、絶望の歌ではない。光を経験した者の讃歌である。むしろ、人は苦しみ、悲しむとき、やはりどこかで苦しみ、悲しむ無数の守護者によって守られていると、彼女はいう。「声も出さずに涙する者」とあるように、悲しみの底にある者は涙の彼方で生きている。もし、これを書く彼女の姿を見ることがあったとしても、私たちはそこに涙を見なかったかもしれない。悲しみがきわまるとき、涙は涸れる。見えない涙がその頬をつたうのである。未知の他者が流した不可視な涙によって私たちは、自分の知らないところで救われているのかもしれない。

真のコトバが生まれるとき

一九五五年、愛生園に定期的に通うことになる前々年、神谷美恵子は子宮がんを患っている。彼女の年譜を読むと、初期がんで、コバルト照射によって進行を食い止めた、と記されているが、彼女の内心の思いはまったく違う。がんは、今日でも依然、脅威だが、一九五〇年代ではほとんど「不治の病」と同義だった。医師でもあった彼女は、常に再発の危険性があることを認識していた。

病を背負う日々になったことと、彼女がハンセン病の人々の近くに接するようになったことはけっして無関係ではないだろう。容易に癒えない病を自ら生きることによってはじめて、病む人間の傍らに生きることができると考えたのかもしれない。日記には、「私の健康も生命も、あとそう長くはないと思うから」あるいは、「あと三カ月の生命、と〔三ヶ月毎の定期検診を〕受診のたびに考える」、と記されている。肉体的状況からも、残された時間が限られたものであることを、彼女は忘れたことはなかっただろう。『生きがいについて』で、これから本格的に「生きがい」論を展開しようとするとき、彼女はこう記した。

わざわざ研究などしなくても、はじめからいえることは、人間がいきいきと生きて行くために、生きがいほど必要なものはない、という事実である。それゆえに人間から生きがいをうばうほど残酷なことはなく、人間に生きがいをあたえるほど大きな愛はない。

「わざわざ研究などしなくても」との一語は、研究者ではない私たちにはさほど大きな意味を持たないが、おそらく彼女にとっては、これまでの精神科医としての日々を転覆させるほどの力を秘めていたと思われる。彼女は、「生きがい」を説く者としてこの本を書いたのではない。何ものかの導きによって「生きがい」を見出した一個の人間として書いたのである。

人を真に驚かす言葉、あるいは人を真に救う言葉は、いつもその人の本人の魂において生まれる。先哲の、あるいは詩人、偉人と呼ばれる人の言葉は、その人が自らの胸に潜んでいるコトバに出会うまでの道しるべにすぎない。

もし心のなかにすべてを圧倒するような、強い、いきいきとしたよろこびが「腹の底から」、すなわち存在の根底から湧きあがったとしたら、これこそ生きがい感の最もそぼくな形のものと考えてよかろう。このよろこびは時には思いがけない場合にほとばしり出て、本人をおどろかせることがある。〔中略〕理くつは大ていあとからつくようで、先に理くつが立っても感情は必ずしもそれについて行かない。

（『生きがいについて』）

この一節が、優れた研究者によって語られ、また、その言葉によって、かつて、また今日もなお、多くの人々が慰めと励ましを見出していることを見過してはならない。神谷美恵子は、単に「生きがい」を精神科医として実証的に論証してみせたのではない。愛生園で接した人々の生活について語ろうとしたのでもなかった。彼女の最初の、そして究極の仕事は眼前の他者を見ることであり、また、真に交わることだった。

「人の心には、自分で自分の生を築いて行く積極的な力が宿っている」(『人間をみつめて』)と彼女は書いている。これは、愛生園で精神科医として働いた彼女の臨床経験でもあっただろうが、神谷自身が、愛生園の人々にふれるなかで遭遇した出来事でもあっただろう。

園の人々は神谷と過ごした時間に光を見出しただろうが、もっとも光を浴びたのはおそらく彼女である。光という言葉に、比喩が入り込む余地は一切ない。確かに彼女は光を見た。『生きがいについて』という著作がそのことの証左になっている。彼女はこう書いている。

真摯な探求と悩みなしに、ひとの心に光明がもたらされたためしはない。しかしまた精一杯の求道の後に発見される光は、自分ひとりの力で創り出したものとしてはあまりにも輝かしすぎるのである

この著作を読む者は、単に書かれた言語を理解しようとしてはならない。ときに絵を見るようにその言葉に向き合わなくてはならない。神谷にとっても、この本を書く契機となったのは、一枚のゴッホ(一八五三〜一八九〇)の絵を見たことだった。一九五八年十二月二十日の日記に

はこう記されている。「ゴッホ展へ（京都）。迫るような緑に圧倒された。自分も表現に身をささぐべきことを改めて思った。学者としての道の閉されている事はむしろ有難いことなのだ。その暗示をすなおに受け入れねばならない」。その翌日の日記に彼女は、先に「暗示」と書いた出来事を「啓示」と記している。経験の意味は日を追うごとに深まっていったに違いない。このとき、ゴッホの絵の色も線も、また構図すらコトバとなる。

『生きがいについて』をはじめて読んで以来、脳裡を離れない記述がある。この一節に出会ってから、天使は幻想ではなく実在となった。

「生きがいをうしなったひとに対して新しい生存目標をもたらしてくれるものは、何にせよ、だれにせよ、天来の使者のようなものである」

この一節は、天来の使者は、生者の姿をして顕われるとは限らないことを、死者もまた、天の使者たり得ることを気づかせてくれた。

第九章　目覚める　寄り添うブッダ

©時事通信フォト

何ものかが魂にふれるとき

真に魂を揺り動かす出来事に出会ったとき、人が最初に経験するのは不安である。西田幾多郎（一八七〇～一九四五）は、一九一三（大正二）年に京都大学で行った宗教学の講義でそう語った。当時の講義録が残っている。哲学者のウィリアム・ジェームズ（一八四二～一九一〇）に依拠しながら西田は、次のように話した。

ある個人が不安を感ずるとは自分に何か不満を感じて批判することである。これは既に自分が自分を超越して居る事である。何か高いものと触れてゐることである。始めはこの何か高いものと自分を一致さすことは出来ぬが、次第に一致するやうになる。そしてこの高き部分が何か宇宙に働いてゐる大なるあるものと一致し、連続してゐると考へるやうになる。

（宗教学『西田幾多郎全集　第一四巻』）

人は、大いなるものと遭遇したとしても、それとすぐに一つになることはできない。最初に感じるのは大きな異和である。だが、経験の深まりによって人は、いつしか一つになる。ここで西田がいう不安とは、漠然とした恐怖であるより、むしろ実存的な畏怖と呼ぶのがふさわしい。実存的とは、今生きていることの根源を揺り動かされるさまを意味する。

この西田の言葉は、回心を経て使徒となったパウロ（一〇?～六七?）の生涯を思わせる。かつてパウロはキリスト者を迫害する者だった。そうした彼を、突然、光が襲う。

襲う、とは喩えではない。光に遭遇したパウロはそこに倒れる。次に引くのは、新約聖書の「使徒言行録」にある、よく知られた個所である。自身の回心をめぐってパウロは次のように語った。

旅を続けてダマスコに近づいた、真昼ごろのこと、突然、まばゆい光が天からわたしの周りを照らしたのです。わたしは地に倒れました。そして、「サウロ、サウロ、なぜわたしを迫害するのか」という声を聞きました。そこでわたしが、「主よ、あなたはどなたですか」と言うと、「わたしは、お前が迫害しているナザレのイエスである」とお答えになりました。わたしとともにいた人々は、その光を見ましたが、わたしにお話しになった方の声は聞きませんでした。

自らの経験を語る際にパウロは、到来したのは光である言葉だったと言う。さらに、この尋常ならざる現象が、白昼の、それも目撃者さえいる状況で起こったことをパウロは強調する。一緒にいた人々も鮮烈な光を見た。だが、彼らにはイエスのコトバは聞こえない。光は五感を超えて、パウロの魂に直接響いている。光は、コトバとなって彼に語りかける。

言語は、言葉の一形式に過ぎない。言葉が意味の凝縮であるとすれば、さまざまな事象が言葉の顕われとなる。これまでも言語的世界の彼方で開花する意味の火花をコトバと呼んで来た。コトバとの出会いは、どんなかたちであれ、穏やかな出来事にはなり得ない。

また、コトバは芸術の母でもある。芸術はいつも彼方なる世界を感じさせる。コトバは彼方の世界から境域の壁を壊しながら到来する。音楽、絵画、彫刻、舞踏などそれぞれの芸術においては、音、色、かたち、踊りは高次な意味でのコトバとして働く。

コトバは無数の形態をとる。生涯の最期をむかえ、話す力のない者にとってまなざしはコトバである。ときに無言の涙は万感の思いを語る。

情愛は言葉をコトバにする。「ありがとう」という日常的な言葉すら、それが心から発せられるとき、魂を揺り動かすほどの力を持つ。情愛に満ちた言葉を不意に聞いたとき人は、慰めを感じる以前に、自分が確かに生きていることを自覚し、情愛をもって抱きしめられるとき人は、自分は確かにここにいると感じる。

コトバとの邂逅はいつも魂の出来事である。コトバは常に魂を貫いて訪れる。何ものかが魂にふれたとき、人は、自らにも魂と呼ぶべき何ものかが在ることを知る。朽ちることなき魂の扉を開き、彼方の世界をかいま見ること、それをブッダは「目覚める」と表現した。インド哲学の碩学中村元はブッダ伝で、「目覚める」とは、パウロが経験したような回心に限りなく近いと考えることもできると述べている。パウロの前にイエスのコトバが光として顕われ、彼を打倒《うちたお》したように、ブッダのコトバにふれるとき、私たちが最初に感じるのも拒絶したくなるような不安と魂のふるえなのかもしれない。

回心は、改心とは異なる。回心は心を改めることではなく、ある抗い難い力によって人生の方向を変えられることである。このとき人は、自分で生きているのではなく、大いなるものによって生かされていることを知る。生きるとは自らの希いを実現することではなく、大いなるものと一つになることであることを知る。

ブッダという名称は、個人名のように流布しているが違う。ブッダとは、「目覚めた人」、存在の実相を認識し、それを生きる者を意味する。

あるとき、ブッダはこう語った。

見よ、人はみな
生前から死を恐れ
おののき震《ふる》えているが
自分の行ないに従い死んでゆく。

自分でいかに思いめぐらそうと
結果は思いとは異なり
失望するだけである。
ありのままを見よ。

（『新編スッタニパータ』今枝由郎訳）

どんなに慄き、恐れても、死を免れることはできない。自分の思うように人生を生きようと、どんなに思いを描いてみたところで虚しい。結果は常に思いを裏切る。思うことに労力を費やさず、ただ、あるがままを見、生きよというのである。冷酷にすら響く言葉だが、どこにも偽りはない。現実はいつも思うようにはならないことが真実であることは、誰もが知っている。

ここでブッダは処世訓を述べているのではない。彼の眼目は、「思い」が世界を曇らせていることを明示することにあった。徒らに「願う」ことが、世界と私たちとの間に埋め難い溝を作る。願うことが、世界を直視することを妨げる。生きるとは、願うように世界を作りかえることではなく、むしろ、世界からの語りかけに耳を傾けることだというのである。

ブッダのいう「彼岸」と「此岸」

ブッダは何も書き残していない。ブッダのコトバの息吹を伝えるものとして、もっともよく知られているのが、先に引いた『スッタニパータ』と『ダンマパダ』の二つである。これらはブッダも用いたと考えられているパーリ語で記されている。

『スッタニパータ』にはブッダがさまざまな事象をめぐって語ったコトバが記されている。「スッタ」とはもともと「縦糸」を意味する。縦糸は垂直にあって動かないことからブッダのコトバが想起され、それを「経」と呼ぶようになった。「経」も縦糸を意味する言葉である。「ニパータ」とは「集めること」を指す。

『ダンマパダ』には、真理（ダンマ）の言葉（パダ）を意味するように、真理をめぐってブッダが語ったコトバが、独白される詩のようなかたちに整えられて記されている。

真実の存在世界のことをブッダは、「彼岸」と呼んだ。「人々は多いが、彼岸《かなたのきし》に達する人々は少い。他の（多くの）人々はこなたの岸の上でさまよっている」（『ブッダの真理のことば　感興のことば』中村元訳）とブッダはいう。人間が暮らす迷いの世界が「此岸《こなたの》」で、「彼岸」は「涅《ね》槃《はん》」とも称される。涅槃というといつからか、死後の世界を意味するようになったが、本来、涅槃は、今ここに存在している、今ここでふれえる、というのがブッダの哲学だった。

だが、ブッダの教えが「彼岸」に渡ることにあった、というのは精確を欠くかもしれない。彼岸に赴くことをブッダは、強く促す。しかし、そこに留まることを説くのではない。むしろ彼は、「彼岸」を経験した者が、「彼岸」の風に導かれながら、いかに「此岸」を生きるかを語った。「此岸」において、「彼岸」とのつながりを見出しながら生きることの意味を説いた。

こうした超越的世界との往還の関係を仏教の真髄だと考えるのが浄土教の人々である。悟りへの道は往く道、すなわち「往相」、彼岸に達した者がそこでの経験を人間界で実現することを還りの道、「還相」という。また、前者を「向上道」、後者を「向下道」と呼ぶ場合もある。もし、向上道だけがブッダの教えであるなら、ブッダは教えを説くことにその生涯を費やしたりはしなかっただろう。ブッダにとって重要だったのはむしろ、向下道の実践にある。

向上道と向下道の意味と、それを生きる者の姿が端的に述べられている一文がある。

彼の組織せる神秘道が徹底せる実践道であった事実が特に注意されねばならない。換言すれば、それは転変無常の感性的世界から永劫不変の超越界へ昇り行く向上道（アナバスィス）の極致を以て終局に達するのでなく、一旦この超越道を登りつめた後、更に反転して向下の道（カタバスィス）を辿り、再び現象界に還り来って万人のために奉仕することによってはじめて完結するのである。

この一節を記したのは仏教徒でも、仏教学者でもない。ここでの「彼」もブッダを指しているのではない。著者は哲学者井筒俊彦である。「彼」とはプラトンを指す。この文章を井筒は、ギリシア神秘思想を論じた若き日の主著『神秘哲学』に記した。

哲学の祖とプラトンを呼んでも違和感を覚える人は少ないだろうが、同じことを釈迦にふれながら言えば、ブッダは哲学者ではない、と反発を受けるかもしれない。

だが、先の井筒の一節がそのまま釈迦の生涯を語る言葉としても齟齬がないように、私たちが改めなくてはならないのは、ブッダを「哲学者」として論じることではなく、むしろ「哲学」、あるいは「哲学者」の認識なのではないだろうか。

人格者に出会ったとき、私たちは「あの人には哲学がある」と言う。このときの「哲学」とは血肉化された叡知の異名である。プラトンにとって「哲学」とは、単に理知を働かせることではなく、叡知を愛し、思慕することだった。彼にとって叡知とは生ける超越者の働きだった。ブッダはそれを「ダルマ」と呼んだ。彼にとっては「ダルマ」こそが生命だった。生きるとは、「ダルマ」という万物の理法をわが身に分有することにほかならなかった。奇妙に聞こえるかも知れないが、自分が生きるのではなく、「ダルマ」が自分を生きている、というのがブッダの実感だった。

二人は同時代人だった。プラトンは紀元前四二七年に生まれ前三四七年に没している。中村元の説に従うとブッダは、紀元前四六三年に生まれ、前三八三年に逝っている。ここでは仏教とギリシア哲学との交わりまで詳しくふれることはできないが、やはり中村元の研究で、この二つの思想潮流は比較的早い時期から相互に強く影響を受けていることが明らかになっている。のちにプラトンの衣鉢《いはつ》を継ぐプロティノスやプロクロスが書いているようにローマ時代においてプラトンの哲学は「神学」に近かった。哲学とは超越者との関係を回復する道程だったのである。

また、プラトンにとって哲学は、「神秘」へと続く道だった。ここでの「神秘」は、世に言う教義と化した神秘主義の真逆に位置するものである。それは先に見た「叡知」の異名である。「神秘」、あるいは「叡知」は、単に知られること、あるいは語られることを拒む。「神秘」はいつも人間によって生きられなければならない。それは人間が文字通りの意味で「歩く」ことによって見出して行く不断の経験の持続をいう。だからこそ井筒はこの著作で、「哲学」の異名として、しばしば「神秘道」という見慣れない術語をあえて用いて、読者に衝撃を与えようとする。先に引いた一節に井筒は、こう続けている。

現世に死し、現世を超脱して永遠の生命を味識するプラトン的哲人は、澄潭《ちょうたん》の如き忘我静観の秘境を後にして、またふたたび現世に帰り、其処《そこ》に孜々《しし》として永遠の世界を建設せねばならぬ。イデア界を究尽して遂に超越的生命の秘奥に参入せる人は、現象界に降り来って現象界の只中に超越的生命の燈を点火し、相対的世界のイデア化に努むべき神聖なる義務を有する。

（『神秘哲学』）

「澄潭の如き忘我静観の秘境」とはブッダが「彼岸」と呼ぶ時空である。「澄潭」とは、どこまでも澄み渡る淵を意味する。汚れなき湖のような浄福の世界を経験することはできる。しかし、その経験に恵まれた者は、そこでの経験を引っ提げて、「現世」に戻らなくてはならない。

ブッダもプラトンも、内なる真理を深く感じながら、仙人のように人から離れてひとり生きることもできたのかも知れない。だが、二人はまったく異なる道を行った。ひとたび徹底的に人から離れて行ったゴータマもブッダとなってからはいつも、困窮し、助けを求めている人々の近くに寄り添った。ブッダとなったゴータマは、八十歳で亡くなるまで、人はいかにして此岸を生きながら、新しく生まれるかを説いた。プラトンも俗世にあることを自らの使命とした。彼は哲人政治を語ったのではない。それを実現しようと生きたのである。高弟だった政治家ディオンと共に彼は、暴君となった僭主に「哲学」によって抗い、そのことで激しく迫害されたことすらある。

ブッダはなぜ語り始めたのか

人間界に「永遠の世界を建設」すること、それがプラトンの信じた哲学者の使命だった。それは「彼岸」をかいま見た者の「神聖なる義務」ですらある、と井筒は言う。それを本願とした者を大乗仏教では「菩薩」と呼んだ。

賢者たちが何を語ったのかを考えることは重要である。だが、それと共になぜ、彼らが人々にむかって語り始めたかも充分に顧みられなければならない。さらにいえば、なぜ、ブッダという存在が私たちの世界に出現したのか、その意味を考えなくてはならない。

福音書を読むとしばしばイエスは、自らが生まれた意味を語る。医者を必要とするのは健康な人ではなく、病に苦しむ人であるように、自分が来たのは「正しい人を招くためではなく、罪人を招くためである」と彼は語る。ブッダもまた、彼が「ブッダ」となったことに深遠な意味が隠されていると言う。

人間に生まれることは得難く
死すべき命を生きるのは難しい。
正しい教えを聴く機会は稀で
ブッダが出現されることも稀である。

(『ダンマパダ』今枝由郎訳)

日々を生きることは難しい。生き抜くことはさらに難しい。そのなかでいかに生きるのかを知ることは稀有であり、それを体現する「ブッダ」になることもきわめて稀である。だが、そうしたことを踏まえながらもブッダは、私たちがこうして生きていることがいかに貴いことであるのかを強調する。彼は、生そのものを慈しむことを強く促す。

ここで語られている「ブッダ」とはブッダが彼自身のことを語っているのではない。仏教では「ブッダ」は無数に存在しえると考える。むしろ、誰もが「ブッダ」たり得る可能性を秘めていることを宣言したのが、釈迦として知られるブッダだった。

万人にも「ブッダ」になり得る魂が備わっているとブッダは言う。仏教とは、誰もが、いつでも新たに「生まれる」ことを説く教えでもある。

今日でも衰えることのないブッダの影響力を考えると奇妙に思われるかもしれないが、現在、彼がどこで生まれたのかを断定することができない。生地の名称が、カピラヴァストゥであることは分かっている。「ヴァストゥ」は首都を示す言葉で「カピラ城」と称されることもある。インド大陸の北部であることは推定されているがその場所が特定できていない。生地は現在のインドではなく、ネパールとの国境近くにあるとするのが有力な説である。

ブッダは、紀元前五〇〇年ごろ、サキャ王国の王子として生まれた。釈迦という異名もサキャ族から来ている。釈迦も、正式には釈迦牟尼《しやかむに》と称さなければならない。牟尼は聖者を意味していて、サキャ族の聖者であることが示されている。

あるときまで彼は、王家の人間として何不自由なく暮らしていた。しかし、突然生老病死という避けがたい人生の問題に出会う。

それを克服する道をもとめて、二十九歳のとき彼は、突然旅に出る。そして六年間の修行を経て、覚者《かくじゃ》、すなわちブッダになった。ブッダとして新生した、と言った方がよいのかもしれない。日ごろ私たちがブッダ、あるいは釈迦と呼んでいる人物の本当の名前は、ゴータマ・シッダールタという。だが、よく知られている「シッダールタ」という呼称も、原始仏典に表れているわけではなく、これを釈迦の名前とするかどうかには諸説がある。シッダールタと記されるときは、彼が「ブッダ」となる以前のことを意味することが多い。ここでは覚者となる以前の彼を名ではなく、姓の「ゴータマ」と呼ぶ。

世には、仏教をめぐって著された万巻の書がある。だが、それらのすべては、ブッダの生涯に収斂する。現代に生きる私たちにとって重要な意味を持つのは、ブッダの生涯について詳しくなることではなく、ブッダが語ったとされる言葉の奥に、彼の生涯を想起することではないのか。記された文字の奥に、生きることによって示された、語られざる「真理」をかいま見ることではないだろうか。

五感を超えるもの

知ることはすべて想い出すことである、とプラトンは言った。私たちのなかにも人類の記憶の一部としてブッダの生涯は存在している。閉じられた記憶の箱を開けるもの、それをブッダは「真理」と呼んだ。
真理の力動性《ダイナミズム》をめぐってブッダは、端的にこう語っている。

真理が正しく説かれたときに、真理にしたがう人々は、渡りがたい死の領域を超えて、彼岸に至るであろう。

（『ブッダの真理のことば　感興のことば』中村元訳）

真理が正しく説かれることはある。問題はそれに従うかどうかだ、とブッダは言う。ブッダは、人間界を否定しない。そこに「彼岸」へと続く風穴を空けようとする。肉体が滅んでも、けっして滅びることのないものがある。その何ものかは、身体の死を経てもなお、まざまざと「生きている」、とブッダはいう。不朽の生命を照らす光、それをブッダは「真理」という。真理は遍在する。だが、誰もが容易にそれを見出せるとは限らない。真理を意味する「ダルマ」が大いなる命をも意味することは先にふれた。私たちは「ダルマ」を日々感じている。しかし、生命を感じるのは五感なのだろうか。

現代人はもうそれを疑わない。むしろそのために、五感で動きを感じることのできないものをすでに「生きている」とは認めなくなってしまった。私たちは、生命が何であるのかをしっかりと考える前に、生命を五感で感じ得るものに限定してしまった。しかし、ブッダの考えはまったく違う。『ダンマパダ』にはこんな言葉がある。

梅檀《せんだん》、伽羅《きやら》
青蓮華《しょうれんげ》、ヴァッシキーなど
あらゆる香りのうちで
徳の香りに勝るものはない。

「梅檀、伽羅／青蓮華、ヴァッシキー」は、どれも豊饒な香りを持つ。だが、それに勝るのが「徳の香り」だとブッダはいう。「徳」はふれることもできなければ、見ることもできない。匂いを発することもない。だが、そこにはたしかに「香り」がある、と彼は断言する。

この言葉を比喩であると読み過ごすこともできる。だが、その一方で私たちもまた、日常生活で何らかの嫌疑がある人に出会ったとき、「あの人はにおう」と言ったりもする。

五感は不安定な知覚であるとブッダはいう。五感を「五つの激流」（中村元訳）と呼び、それに心を加えて「六つの激流」と呼んだこともある。ともすれば人間は、五感や自らの心情に押し流される。目覚める、とブッダが言うとき、それは心情の認知をふくめた六つの感覚を超えた認識を獲得し、その世界を生き抜くことだった。

目覚めよ、と語るブッダのまわりには人間だけでなく他の動物までもが寄り添ったという。

ブッダは誰にむかって、何を語っていたのだろうか。

『スッタニパータ』にはこんな言葉がある。次の一節は、彼が感じている世界には、いかなる者が「生きている」のかを鮮明に物語っている。

地上のものであれ、空中のものであれ
ここに集うもろもろの生きものに
幸いあれ。
わたしが説くことをよく聴け。

生きとし生けるものよ、耳を貸せ。
日夜〔生きとし生けるものに〕お供えものをする人間を
慈しみ
守護せよ。

ブッダが立つところに「此岸」と「彼岸」が交じり合う。「地上のもの」とは可視的に存在するもの、「空中のもの」とは不可視な姿で存在するもの、それらが「ここに」集う。それぞれの世界に生きる者のいのちが呼応する。

「六つの激流」の彼方で世界を認識しているブッダには、肉眼にはその姿が映らないものでも実在する。ブッダは、その姿の見えない者たちにも語りかける。彼の最期を描き出した涅槃図には、人間や動物ばかりか、死者や精霊の姿もある。彼らはいつもブッダと共にある。ブッダは彼らに、人間を慈しみ、守護せよと呼びかける。

次の一節はブッダが生きている世界をいっそう如実に物語っている。


目に見えるものでも、見えないものでも、遠くに住むものでも、近くに住むものでも、すでに生まれたものでも、これから生まれようと欲するものでも、一切の生きとし生けるものは、幸せであれ。

(『ブッダのことば』中村元訳)


人間界に暮らす者だけでなく、彼方の世界に暮らす者にも幸あれとブッダはいう。万物が幸福に満たされよ、とブッダは宣言する。そこには、すでに生まれた者だけでなく、これから生まれる者も含まれる。

彼にとって過去は、過ぎ去り、消滅するものではない。事象は西から東へ流れる。悠久の地平に生きる者は、いつも「永遠の今」として臨在する。

ブッダもまた、不可視な姿で、今も実在している。

第十章　燃える　宮澤賢治と病身の妹トシ

©林風舎

芸術による革命

「銀河鉄道の夜」には、こんな一節がある。

カムパネルラは、そのきれいな砂を一つまみ、掌《てのひら》にひろげ、指できしきしさせながら、夢のように云っているのでした。

「この砂はみんな水晶だ。中で小さな火が燃えている。」

宮澤賢治（一八九六〜一九三三）は砂のなかに炎を見る。炎はいのちの顕われである。石も人間とは別な秩序のもとで「生きている」。賢治にとって芸術とは、万物のなかに生ける美を見いだし、その存在を世界に明示することだった。著作を通じ、ある宗教者と出会ったことが、賢治を美の表現者とした。出来事は一九二〇年に起こる。

この年は、賢治の生涯における分水嶺となった。七月ごろ、二十三歳の賢治は、田中智学（一八六一〜一九三九）が書いた『本化摂折論』と『日蓮上人御遺文』を知り、衝撃を受ける。読むだけでは飽き足らず、それらを熱心に書き写した。智学は、在家の仏教団体国柱会を主宰する宗教者である。当時はまだ、それぞれの宗派の本山が大きな力を誇示していた。今日では仏教界でも在家団体も珍しくないが、智学はその先駆けだった。国柱会を創設することで智学は、寺院を中心とした僧と信徒の関係を解体する。

国柱会の名は、日蓮の『開目抄』の一節、「われ日本の柱とならん」に由来する。智学は日蓮の没後、積み重なってきた教学と権力構造が、宗祖日蓮の教えが顕現するのをさまたげていると感じていた。日蓮が現代によみがえるうねりは、必ず、在家から起こると、彼は考える。

在家とは、組織と僧そして従来の教学の対義語である。人々は、信仰共同体に一個の市井の者として集う。信徒のひとりひとりは、単に教学に従う者ではなく、宗祖の教えを背負う者となる。

智学の著作を知ってほどなく賢治は、国柱会に入会する。入信すると書いた方がこのときの賢治を表わすのに適している。実家は浄土真宗の檀家だった。宮澤家は代々の富商で、父政次郎は地元の名士だった。改宗した賢治は、父親にも宗旨を改めることを迫る。このことをめぐって親子の間には何度も激しい言い争いが起こった。

翌二一年、賢治は突然、家出するように東京へ行く。目的は国柱会の本部を訪れることだった。在京中の賢治の生活は多くの部分が国柱会への奉仕に費やされた。午前中はガリ版刷りの会社で筆耕や校正をして働き、午後は街頭での布教を含む、奉仕活動に身を捧げた。国柱会の本部で賢治は、高知尾智耀《たかちおちよう》に出会う。この人物との対話のなかで賢治は、法華経の精神を文学に生かす「法華文学」の可能性に目覚める。その後、賢治は猛烈な勢いで童話の執筆を続けた。創作が仏への供物となり、隣人の心の糧となる、と彼は信じた。

国柱会と賢治の接点は、芸術と革命である。芸術による革命と記すべきなのかもしれない。芸術の出現は、霊的刷新の徴であるというのが国柱会の思想だった。彼らにとって革命はいつも、霊性上の出来事だった。霊性とは、超越を希求する人間の態度を指す。独自の芸術を生み出すことが、真実の意味における革命を準備すると考えられたのである。

一九二二年、賢治が花巻に帰った後だったが、国柱会は芸術による布教を目的とした「国性文芸会」を立ち上げ、独自の芸術運動を展開した。霊性運動としての芸術という認識は、賢治の「農民芸術」、「イーハトヴ」の思想に発展する。賢治が信じた芸術革命のマニフェストともいってよい「農民芸術概論綱要」にはこう記されている。

いま宗教家芸術家とは真善若くは美を独占し販るものである
われらに購ふべき力もなく　又さるものを必要とせぬ
いまやわれらは新たに正しき道を行き　われらの美をば創らねばならぬ
芸術をもてあの灰色の労働を燃せ
ここにはわれら不断の潔く楽しい創造がある

ここで、宗教家と芸術家が並列的に語られていることに注目したい。既存の芸術の枠組みを解体しようとする賢治の試みは、智学が宗教界で試みたことと同質の構造をもっている。賢治は、真と善を論じ、説くことによってではなく、美の力、美の働きによって世の動きを刷新しようとする。

世の宗教家と芸術家は自分たちに都合のよい真善美の基準を決め、それを農民に押しつける。彼らは何かを提供するとき、農民には容易に購《あがな》うことのできない価格を提示する。賢治の時代、農民の多くは貧しかった。彼らは自然から与えられたものを享受する。決まったことなど何もない、不安定な生活が日常だった。そうしたものは、日々の生活に困窮する農民に買えるはずがない。

法外な金額を付された、にせものの美など必要ない。美は内在する。与えられた美など不要であると賢治はいう。内なるものが顕現した美だけが魂を動かす。美の力をもって労働を燃やせ、と賢治は、天空にむかって叫ぶように農民たちに美の自覚を促す。

価値と価格は相反する。真の価値は価格によって量ることはできない。宗教家は真理と善を、芸術家は美を独占しているかのようにふるまう。宗教家と芸術家から真善美を解放し、造られた美ではなく、真実の美を作らなくてはならない。「農民芸術」を樹立しなくてはならない、というのである。

「われら」と記されているように賢治は、自身もまた「農民」の一人であると認識していた。花巻での賢治の生活は「農民芸術」への参与と農業指導に捧げられた。彼は、多く耕す農民ではなかったが、誰よりも耕す者に寄り添う生活を送った。彼は農夫が大地で植物を育てるように人々の心に美の花を植えた。

あるがままに言葉を刻む

「生徒諸君に寄せる」と題する、賢治が教え子にむかって語った言葉の手稿が残っている。そこでも「農民芸術」の出現が高らかに訴えられている。

衝動のやうにさへ行はれる
すべての農業労働を

冷く透明な解析によって
その藍いろの影といっしょに
舞踊の範囲に高めよ

農民にとって労働は生の衝動である。彼らは、本能の顕われであるかのように、大地に向って身をなげうって働く。いのちを注いで、いのちを養う食物を作る。その生命の躍動を、身体美の表象である舞踏にまで至らしめよ、と賢治は謳う。日常生活の奥深くに潜む深遠な意味を芸術に昇華させよと賢治は若者を鼓舞する。

美は、彼にとって、日々の生活を祝福するものだった。自分たちの生活に根付く芸術を自分たちの手で樹立することは、今生きている人々だけの問題ではない。すでに顧みられなくなった先人たち、そしてこれから生まれて来る者たちの道を照らす灯《ともしび》にもなる。

また、賢治にとって「農民芸術」の樹立は、文字通りの意味で革命の異名だった。賢治はマルクス（一八一八〜一八八三）の思想からも影響を受けていた。彼は、日本におけるプロレタリア文学運動の創造的先駆者でもあった。先に見たのと同じ手稿で賢治は、マルクスの名前を出して、若者にこう呼びかける。賢治の目にマルクスは、政治経済の理論家ではなく、精神革命の先導者に映った。

新たな詩人よ
嵐から雲から光から
新たな透明なエネルギーを得て
人と地球にとるべき形を暗示せよ

新たな時代のマルクスよ
これらの盲目な衝動から動く世界を
素晴しく美しい構成に変へよ

ここでの詩人は、時代の闇を切り拓く者、預言者と言い換えてよい。今日の読者は、彼の作品を「詩」と呼び、賢治を詩人と呼ぶことに躊躇しない。だが、賢治の実感は少し違った。賢治は、詩を多く書いたが、自分が書いたものを「詩」と呼ぶべきかどうかについては懐疑的だった。親しい者に送った手紙でも賢治は、この本に収められたものは、世にいう「詩」ではなく内心の事実をできる限り「科学的に記載」したものだと述べている。詩集として知られる『春と修羅』の正式な書名は『心象スケッチ　春と修羅』である。詩集の文字はどこにもない。賢治は意識的に、自著を詩集と銘打つことをしなかった。

「科学的」と賢治が言うのは、計測可能な事象としての「科学」ではない。ここで語られているのは認識の態度である。それは、恣意を排し、ありのままに世界と対峙することをいう。近代科学の見地からは証明できないことであっても、それが確かに生起したときは、その経験をあるがままに言葉に刻むことを指す。

ある日、賢治は六人の生徒といっしょに岩手山に登った。そのときのことを彼は次のように記している。

すこしのかなしさ
けれどもこれはいつたいなんといふいゝことだ
大きな帽子をかぶり
ちぎれた朱子のマントを着て
薬師火口の外輪山の
しづかな月明を行くといふのは

（「東岩手火山」）

かなしみがある。だから、幸福を全身に感じると賢治はいう。この世には身にかなしみを受けて生きてみなければ、けっして映じてこない風景がある。かつて、「かなし」は「悲し」とも書いたが「愛《かな》し」あるいは「美《かな》し」とも書いた。

『春と修羅』に収められた作品を賢治が書きはじめたのは、賢治が妹トシの病が重いのを知り、東京から花巻に帰郷してからである。先の作品が書かれたときもトシは、まだ生きていたが、もう起き上がることはできなくなっていた。彼は、「詩」を作りたかったのではないだろう。ただ、死にゆくトシと暮らす悲しみの日々に、もっとも美しい姿を与えたくて言葉を紡いだのではなかったか。

妹の死がもたらした新しい詩の形

一九二二年十一月二十七日、トシが亡くなる。妹の死は、賢治にとって、文字通り半身を喪うに等しい出来事だった。『春と修羅』には、死に行く妹の姿をうたった「永訣の朝」が収められている。

教科書にも掲載されている「永訣の朝」は、賢治の詩編のなかでもっともよく知られたものの一つだろうが、この作品が続く「松の針」、「無声慟哭」と合わさった三部作の一編であることは忘れられがちだ。三つの詩《うた》は屛風絵のように三位一体となって一つの世界を顕現させている。

三編ではそれぞれにトシが亡くなった当日の様子がうたわれている。臨終の妹を前に、刻々と変化する賢治の内心のドラマと世界の相貌をまざまざと伝えている。賢治は瞬時の出来事を見過ごさない。これまでは俳句や和歌でしかとらえきれなかった「時」の領域を新しい形式で描き出そうとする。賢治は優れた詩人であるだけでなく、詩に新しい形式をもたらした。賢治が重んじたのは音である。音は、瞬間の存在を明示する。音を感じるとき、人ははっきりと刹那を感じる。彼は、今を愛しむように、発せられたままの妹の声を作品に刻み込む。

わたくしもまつすぐにすすんでいくから
ありがたうわたくしのけなげないもうとよ
おまへはわたくしにたのんだのだ
こんなさつぱりした雪のひとわんを
わたくしをいつしやうあかるくするために
死ぬといふいまごろになつて
ああとし子
みぞれはびちよびちよ沈んでくる
蒼鉛《さうえん》いろの暗い雲から
　　（あめゆじゆとてちてけんじや）

「あめゆじゆとてちてけんじや」とは、賢治の生地花巻の方言で、「あめゆき〔みぞれ〕をとってきてください」という意味である。妹トシは息もたえだえに、兄に茶碗一杯の雪をもって来て欲しいと懇願する。賢治はみぞれを手にして、眺める。そして、常ならぬ何かを感じる。このとき「見る」ことは、単なる視覚的現象ではない。万葉時代の日本の古語にあるように不可視な、しかし、確かに存在するものにふれることである。

妹のためにと思って賢治は、みぞれをもってきた。だが、このとき救われたのはトシであるより兄だった。賢治はこのとき、自らの生が何ものかによって満たされたと感じる。そうでなければ「わたくしをいつしやうあかるくするために」との記述も単なる大げさな表現に過ぎなくなる。万物は生きていると感じる。死にゆく妹を前にし、深い悲しみのなかに賢治は、これまで経験したことのない浄福を感じる。

傍観する者にトシは、末期をむかえた病身の女性に過ぎないが、賢治はこのほとんど無力に見える存在に天地をもゆるがすような力が宿っていることに気がつく。しかし、そのことを賢治が、一層の深みにおいて自覚するのはもう少し先のことである。

先に引いた一節で、ひとつ問題が残っている。最後の一行に「わたくしもまつすぐにすすんでいくから」とある。賢治はどこへ「まつすぐにすすんでいく」というのだろう。

死出の道を行く妹のように、生き残る自分も、しっかり自分の道を歩いて行く、という宣言のように読むこともできる。授業でもそう教わった記憶がある。だが、三部作の第二作「松の針」にはこんな一節がある。

ああけふのうちにとほくへさらうとするいもうとよ

ほんたうにおまへはひとりでいかうとするか
わたくしにいつしよに行けとたのんでくれ
泣いてわたくしにさう言つてくれ

妹は文字通り臨終の状態にある。賢治は彼女に、死出の道を本当にひとりで行こうとするのか、と尋ねる。そればかりか、いっしょに来てほしいと言ってほしい、泣いてそう言ってほしいと懇願する。これを賢治の妹に対する情愛の表現として読むこともできる。だが、おそらく賢治の思いは違った。このとき、妹の後を追うことは賢治にとって単なる想像の出来事ではなかったように感じられる。実際に彼は幾度か妹の前で、いっしょに来てほしい、そう言って欲しいと口に出したこともあったに違いない。その姿には単なる感情の高まり以上の切迫感があったのだろう。そうでなければ、「永訣の朝」にある〝Ora Orade Shitori egumo〔おらおらでしとりぇぐも〕〟「あたしはあたしでひとりいきます」(賢治の自註)というトシの発言がもつ意味が薄れて来る。

彼女は苦しみながらも、悲嘆に打ちのめされそうな兄にむかって、自分は独りで旅立つのだと言ってゆずらない。後を追うことは絶対に許さないと突き放す。

わが身を燃やすよだかとトシ

三部作最後の「無声慟哭」の冒頭でも賢治は、妹にむかって、信仰を同じくする自分をおいて一体どこへ行こうとするのか、と同様の問いかけを止めない。だが突然、この作品の途中から様相が変わる。賢治は「どうかきれいな頰をして／あたらしく天にうまれてくれ」と妹に呼びかける。賢治は、肉体は滅んでも魂は消えないことを知るのである。彼は、人間界にいながら、まざまざと異界を目撃する。

かへつてここはなつののはらの
ちいさな白い花の匂でいつぱいだから
ただわたくしはそれをいま言へないのだ

トシが亡くなったのは、初冬の十一月二十七日だった。花巻はもう寒い。だが、賢治は妹と自分がいるこの場所は、小さな白い花で埋め尽くされた夏の野原だという。幻想ではない。「ただわたくしはそれをいま言へないのだ」との記述がかえって彼の経験のなまなましさを傍証している。

こうした記述を読むと人は、何かの喩えだと思いたがる。世に言う「詩」にはそんな表現が散見される。見ていないものを詩に書くこともできる。一方スケッチは、「見た」ものを描くことである。『春と修羅』には、見なかったものなど書いていない。記されているのは、たしかに自分がこの身で経験したことである、そんな告白が「心象スケッチ」という一語には秘められている。

三部作のあとおよそ半年間、賢治は詩作から遠ざかる。そして彼が再び謳ったのが「白い鳥」だつた。そこには次のような一節がある。

二疋《ひき》の大きな白い鳥が
鋭くかなしく啼きかはしながら
しめつた朝の日光を飛んでゐる
それはわたくしのいもうとだ
死んだわたくしのいもうとだ
兄が来たのであんなにかなしく啼いてゐる
　（それは一応はまちがひだけれども
　まつたくまちがひとは言はれない）

「白い鳥」は、亡くなったトシだと賢治は言う。強い確信はあるが、そう言葉にした途端、その経験はすりぬけてゆく。「それは一応はまちがひだけれども／まつたくまちがひとは言はれない」とはそんな彼の実感の吐露だろう。

東洋のさまざまな文化圏で鳥は、死者の顕われだと信じられた。「神話の世界では、鳥は神の使者であり、霊の媒介者であった」（『文字逍遥』）と白川静は書いている。また、同じ一文で白川は「人の霊は鳥によってもたらされ、また鳥となって去るとする考えかたがあった」とも述べている。さらに、渡り鳥は、霊の往来を示す現象だと古の人は感じていた、とも記している。

「よだかの星」という作品がある。夜鷹は、名前は鷹を思わせるが姿は鷹に似ても似つかないみにくい鳥である。この物語でも夜鷹は鷹にいじめられる。名前を変えろ、と存在意味を否定される。そんな夜鷹は何か確かなものをもとめて星に向って飛び立ち、わが身を燃やし、ついに星になる。

最初、夜鷹は、太陽にむかってその場所へ連れて行ってほしいと願う。そのとき、夜鷹はこう言った。

「お日さん、お日さん。どうぞ私をあなたの所へ連れてって下さい。灼《や》けて死んでもかまいません。私のようなみにくいからだでも灼けるときには小さなひかりを出すでしょう。どうか私を連れてって下さい」。太陽に断られると今度は星に懇願する。夜鷹はこう言った。「お星さん。西の青じろいお星さん。どうか私をあなたのところへ連れてって下さい。灼けて死んでもかまいません」。夜鷹は、絶対をもとめることはわが身を燃やすことであることを知っている。それは存在のすべてを賭して行う営為であることを自覚している。

賢治がいつ、どんな作品を書いたか、その多くは精確には分かっていない。著作と雑誌に発表したものを別にすれば、少なくとも決定稿となった時期は類推の域をでない。生前、賢治は二冊しか著作を出していない。『心象スケッチ　春と修羅』そして『注文の多い料理店』である。ともに一九二四年、賢治が二十八歳になる年に自費出版、あるいは、それに近いかたちで刊行された。

　有名な、といってよい「銀河鉄道の夜」も没後の刊行である。書き始められたのは二冊の著作が出た年と同じ一九二四年であるとされている。この作品は草稿のまま遺稿となった。そればかりか、原稿の一部は散逸している。一九三三年、病に斃れたとき、賢治は三十七歳だった。「よだかの星」の執筆時期も、はっきりとは分からないのだが、一九二一年というのが定説である。それは、賢治が国柱会で高知尾に出会い、童話の創作に没頭していた時期に当たる。このとき、賢治はまだ、病に伏しているトシと生活していない。当然ながら、『春と修羅』に収められた作品を書いていない。「よだかの星」は、トシの死とは直接的に関係がないということになる。

　だが、賢治は病身のトシの近くに接するようになってから、「燃える」「焚く」「灼く」「火花」など、火と炎を想起させる言葉を積極的に用いるようになる。『春と修羅』にある一篇「原体剣舞連《はらたいけんばいれん》」と題する作品で賢治は、「打つも果てるも火花のいのち」と消えゆくトシの姿を髣髴とさせる一節を記したあと、さらに次のように続けた。

獅子の星座に散る火の雨の
消えてあとない天のがはら
打つも果てるもひとつのいのち

ここで「火」は、物理的現象を示す言葉ではない。いのちの躍動を示す形而上的意味を帯びている。彼の目に星座は、いのちが織りなす天空の徴に映った。賢治は天空から降り注ぐ「火の雨」を見る。いのちが降り注がれる創造の瞬間に立ち合う。さらに、先に見たトシの臨終をうたった三部作のひとつ「松の針」にはこう記されている。

おまへがあんなにねつに燃され
あせやいたみでもだえてゐるとき
わたくしは日のてるとこでたのしくはたらいたり
ほかのひとのことをかんがへながら森をあるいてゐた
（ああいい　さつぱりした
　まるで林のながさ来たよだ）
鳥のやうに栗鼠《りす》のやうに
おまへは林をしたつてゐた

どんなにわたくしがうらやましかつたらう
ああけふのうちにとほくへさらうとするいもうとよ
ほんたうにおまへはひとりでいかうとするか

トシは熱に「燃され」ている、と賢治はいう。トシは鳥やリスのように林を慕っていた。何の不自由なく林へ行ける自分をどんなにうらやましく思ったかしれないと賢治は述懐する。亡くなったトシが鳥になってふたたび顕われるのは賢治にとっては自然なことだった。この一節に「よだかの星」の最後の一節を重ね合わせてみたい。

それからしばらくたってよだかははっきりまなこをひらきました。そして自分のからだがいま燐《りん》の火のような青い美しい光になって、しずかに燃えているのを見ました。〔中略〕
そしてよだかの星は燃えつづけました。いつまでもいつまでも燃えつづけました。
今でもまだ燃えています。

「よだかの星」は、賢治がトシに贈った哀悼の作品だったのではないのか。賢治は、病と闘い、衰弱してゆくトシの姿を見て、「燃える」とは人間が行い得るもっとも高次な献身の営みであることを知ったのではなかったか。「無声慟哭」には、病に冒された自分の姿が醜くなっていないか、とトシが尋ねる光景がある。

トシは自分のために生きたのではない。兄のために生きたのである。兄にむかって何度もひとりで逝くと語ったトシにとって死は、存在の消滅ではなく、魂の新生であることがどこかではっきりと感じられていたのではなかったか。トシは、そのことを兄もまた、知ることを願った。みぞれをとってきてほしいと懇願した先にあったのも、そんな祈りにも似た気持ではなかったか。「よだかの星」は、トシの没後、賢治もまた、魂の新生と不死を認識したことを示しているのではないだろうか。

先に見た「無声慟哭」で賢治は、初冬に夏の花畑を見たと言ったあと、だが、今は思いを語ることはできないと書いていた。それからおよそ八ヶ月後に作られた「青森挽歌」にある次の一節はおそらく、あのとき彼が、言わずに飲み込んだ思いの一端を伝えている。

だまつてゐろ
おれのいもうとの死顔が
まつ青だらうが黒からうが
きさまにどう斯う云はれるか
あいつはどこへ堕ちやうと
もう無上道に属してゐる

力にみちてそこを進むものは
どの空間にでも勇んでとびこんで行くのだ

トシの肉体は消えた。しかし、彼女は死んでない。魂は、今も燃え続けている。いつしかそれが賢治の確信となったことを、この一節ははっきりと伝えている。

第十一章　伝える　フランクルが問う人生の意味

© dpa／時事通信フォト

石牟礼道子と水俣

人間が言葉を用いるのではなく、人間が、言葉の通路になる。奇妙に聞こえるかもしれないが、そうしたことはたしかにある。その証左を石牟礼道子（一九二七～）の『苦海浄土　わが水俣病』に見ることができる。

水俣病は、有機水銀が原因となった公害病である。当時、熊本県水俣市に拠点を構えていたチッソ株式会社は、戦後ほどないころから、工業排水が有機水銀を含むことを知りながら、水俣の海、不知火《しらぬい》海に放出を続けた。それればかりか、患者が続出し、有機水銀が原因であることが疑われてもチッソは、排水を止めなかった。

罹患した人々は、著しく神経を傷つけられ、身体の自由を奪われる。手足ばかりか、身体もねじれて、視聴覚を失い、話すこともできなくなり、ついには死に至る。水俣病がいつから起こり始めたのか、今でも精確には分からない。ただし、国がそれを正式に認めるずっと以前から、多くの人々がその苦痛を背負わなくてはならなかった事実は動かない。正式に国が水俣病を公害として認めたのは一九六八年、水俣病が強く疑われる患者が発見されてから十五年以上の歳月が経過していた。

『苦海浄土』が発表されたのはその翌年一九六九年である。世の多くの人びとは、この作品によってはじめて、水俣病の一端を知ることになる。第一稿は一九六〇年に発表され、およそ九年の歳月を費やして完成された。

最初に記されたのは、単行本となったときの第三章「ゆき女きき書」だった。「ゆき」とは水俣病に襲われたひとりの女性の名前である。四十歳を過ぎた彼女は夫と共に漁をして暮らしていた。彼女は残滓《ざんし》のように残った力で石牟礼にこう語った。

「う、うち、は、く、口が、良う、も、もとら、ん。案じ、加え、て聴いて、はいよ。う、海の上、は、ほ、ほん、に、よかった」。自分はもう十分に口が利けない。すまないがそう思って聞いて欲しい。海での生活は本当に幸せだった、という。ゆきは恨み言をいうのではなく、自分の幸福をかみしめる。元の身体になって、もう一度海に戻りたい。それだけが彼女の願いだった。こうした言葉は知解されることを拒んでいる。表記文字の奥に潜む律動を感じることを求める。

水俣病は、汚染された海で獲れた魚を食べたことに起因する。人災はまず、海をもっとも愛した者たちの生活を壊した。病院にいた石牟礼は、言葉になろうとしない数知れない同質の呻きを聞く。『苦海浄土』に記された出来事は、死にゆく人々との無言の交わりに始まったと石牟礼は書く。

わたくしは彼女のベッドのある病室にたどりつくまでに、幾人もの患者たちに一方的な出遭いをしていた。一方的なというのは、彼らや彼女らのうちの幾人かはすでに意識を喪失しており、辛うじてそれが残っていたにしても、すでに自分の肉体や魂の中に入りこんできている死と否も応もなく鼻つきあわせになっていたのであり、人びとはもはや自分のものになろうとしている死をまじまじと見ようとするように、散大したまなこをみひらいているのだった。

（『苦海浄土』）

言葉を奪われた者たちが発する「言葉」がある。言葉を奪われた者だけが発することのできるコトバがある。それは、すでに言語の姿をしていない。裸形の意味となったうごめきである。表層意識上では、すでに活動は見られない。身体も自由にならない。だが、苦しむ姿は雄弁に水俣病の現実を物語っている。そこに石牟礼は、無尽のコトバを「読む」。この出来事は彼女に書くことを促す。それはほとんど強いるといってもよい経験だった。

作品を書くことを通じて、言葉をコトバの次元に深化させること、あるいはコトバとして顕現した言葉にならない魂の叫びを言葉に刻みこむことを、自分は託されているのだと石牟礼は感じる。彼女は作家になりたかったのではない。このコトバとの遭遇が彼女を書き手へと変貌させたのである。

病院には釜鶴松《かまつるまつ》という男性がいた。彼も水俣病に罹患していた。「死につつある人びとの中にまじり、彼はベッドからころがり落ちて、床の上に仰向けになっていた」(『苦海浄土』)。死が迫っていることはその姿からもはっきりと分かる。身体が痙攣を起こすため、ベッドで寝ていることができない。ベッドに戻せばまた、男は落ちなくてはならない。

なぜか、男の肋骨の上には雑誌の付録にあるような小さなマンガがある。彼がそれを読んでいたのではない。このときすでに彼は発語と共に視力を奪われている。本は家族、知人の誰かが寝ていた彼のそばにおいたのかもしれなかったが、男は不自由な身体でようやく、マンガ本をついたてのように自分の身の上に立てたのだった。そうすることで半開きのドアから自分の姿が見えないようにしていたのである。

この姿を見て石牟礼は、自分の姿を誰にも見られたくないという、尊厳を重んじる男の祈りにも似た気持ちを認識する。男も漁師だった。荒ぶる自然と生きていることが彼の誇りだった。

だが、肋骨の上のマンガは安定していない。ばったり倒れ、落ちる。すると「たちまち彼の敵意は拡散し、ものいわぬ稚ない鹿か山羊のような、頼りなくかなしげな眸の色に変化」した。怒っている、この男は「苦痛を表明するよりも怒りを表明して」いる、と石牟礼は感じる。さらに彼女は、視力を失ったはずの男から投げかけられる強い視線に気が付く。石牟礼は「見えない目でわたくしを見た」と書いている。

視線を感じることはある。だが、視線を見ることはできない。見えなくなった目からも視線は放射されている。より強い、コトバと化した視線を石牟礼は全身で感じる。二人の間では、視線がコトバとなる。

受けとめる相手さえいれば、あらゆる行為はコトバとなる。絶望する友の肩を叩く行為もコトバであり、悲しみに我を失う者を抱きしめるのもコトバである。水俣病に関するどんな詳細な記述も、この男が感じているままに述べることはできない。男も石牟礼の視線を感じたのだろう。「このとき釜鶴松の死につつあったまなざしは、まさに魂魄この世にとどまり、決して安らかになど往生しきれぬまなざしであった」と彼女は書き記している。

真実は、社会的にはほとんど無力に等しいこの男のまなざしによって明らかにされている。それは言葉では語られることはないが、生きられている。そのときの様子を彼女はこう綴っている。

この日はことにわたくしは自分が人間であることの嫌悪感に、耐えがたかった。釜鶴松のかなしげな山羊のような、魚のような瞳と流木じみた姿態と、決して往生できない魂魄は、この日から全部わたくしの中に移り住んだ。

（『苦海浄土』）

真の語り手は自分ではないと明示するところから『苦海浄土』は始まっている。ここで語られているのは比喩ではない。描き出されているのは献身の道程である。一つ、また一つとコトバを感じるのではなく、わが身をコトバが顕われる場所に差し出そうとする。

この作品を書くまで石牟礼は、文学に関心を寄せていた一介の主婦だった。ときおりエッセイや短歌を雑誌に投稿することはあっても、書くことを生活の中心においていたのではなかった。だが、容易に言葉にすることができない悲劇が世界を襲うとき、大いなる者は人を選び、その口をもって語らせることがある。

旧約聖書の時代にはそうした人びとは預言者と呼ばれた。あるところでは巫者と呼ばれ、ある時代には詩人がその役割をになった。聖書では、神から呼び出されることを意味する召命〔vocation〕という。この作品を貫くのも召命の軌跡にほかならない。その自覚は彼女にもあった。

「安らかにねむって下さい、などという言葉は、しばしば、生者たちの欺瞞のために使われる」とも彼女は書く。死者は眠ってなどいない。死者たちこそが自分を通じて語り出そうとしている。死にゆく者、すでに冥界に行った者、この世での言葉を奪われた者たちの口になる、それが巫者の悲願である。「私の故郷にいまだに立ち迷っている死霊や生霊の言葉を階級の原語と心得ている私は、私のアニミズムとプレアニミズムを調合して、近代への呪術師とならねばならぬ」、と『苦海浄土』には記されている。

人格は侵されない――フランクルの哲学

水俣での悲劇が石牟礼道子に語らせたように、ナチス・ドイツが行った迫害はヴィクトール・E・フランクル（一九〇五～一九九七）を生んだ。

一九四二年、フランクルは、両親、妻と共にナチス・ドイツの強制収容所に送られる。彼がユダヤ人だったからである。ナチスのユダヤ人への迫害は、その政権と共に始まる。フランクルも収容されたドイツ南部にあるダッハウの収容所が開かれたのは一九三三年、ヒトラー政権が樹立したのと同年のことだった。

テレージエンシュタット収容所を最初に、アウシュビッツ第二収容所であるビルケナウ、ダッハウ収容所の支所だったカウフェリング第三、そして最後のテュルクハイム（カウフェリング第六）へと、フランクルは解放されるまでに、四つの収容所を経験しなくてはならなかった。

最初の収容所で父はフランクルに看取られながら没した。母はアウシュビッツのガス室で殺された。妻は解放されるまで生き残ったが、夫とは別のベルゲン＝ベルゼン収容所で亡くなった。

生還後の一九四六年、フランクルは、収容所での生活を綴った著作『ある心理学者の強制収容所体験』を刊行する。これが、今日『夜と霧』として私たちが読んでいる原著である。フランクルは医師だった。書名の「心理学者」には、医師であることが含意されている。だが、フランクルがいう「医師」は、今日の、いわゆる医学の領域を大きく超えている。彼にとって医師は、心身だけでなく魂も診る。比喩ではない。強制収容所に収監される以前からフランクルが準備をし、『夜と霧』に先んじて出版された著作の題名は『医師による魂の癒し』だった。

ジャーナリストである河原理子による『フランクル「夜と霧」への旅』という著作がある。本論でもフランクルとその時代に関する事実は、この著作によるところが多い。河原は、フランクルが著作では明言していない事実を取材によって補完する。さらに、彼女はフランクルの著作を、今の言葉として読む。河原によるとこのフランクルの著作は、世界四十の言語で訳され、一千万部をゆうに超える広がりを持っているという。『夜と霧』はすでに、古典の風貌を具えているといってよい。

古典は歴史的であると同時に、いつも今日的である。別な言い方をすれば、古典は常に「共時的」現象として読者の前に顕われる。共時的とは、過ぎ去ってしまったとされる過去の出来事を、今の地平によみがえらせることである。そこで語られている出来事に、今の問題として対峙することである。また、今に深く根を下ろしながら、時間とは異なる、過ぎゆかないもう一つの「時」の次元にふれることでもある。

第二次世界大戦の終結は、ナチスの暴挙を一旦食い止めはしたが、それが容易に滅びないことをフランクルはその生涯を通じて訴えた。フランクルは、自身と彼の近親者との間を切り裂いたファシズムは、いつの時代でも姿を変えてよみがえってくることを肌身に感じていた。彼にとって『夜と霧』に記された出来事は、けっして消えることのない、常に現在の出来事であると共に、いつの時代にも起こり得る人間の心に巣食う宿痾《しゅくあ》でもあった。今日の日本の状況も無関係ではない。むしろ、喫緊の問題と化している。

一九五六年に『夜と霧』の初訳が出てからフランクルの言葉は長く読まれてきた。だが、東日本大震災の少し前からは、それまでとは異なる熱意をもって受容された。それは今日までも続いている。

私たちは、朽ちることのない人生の意味を語るフランクルの言葉に一条の光を見出してよい。しかしその一方で、フランクルという稀代の思想家を生んだユダヤ人の迫害を忘れてはならない。彼の言葉が強くよみがえってくるとき、その言葉を打ち消すような動きが跋扈《ばっこ》していることを見過ごしてはならない。

ファシズムが滅ぼそうとしたのは肉体ではない。彼らがせん滅しようとしたのは「人格」である。「人格〔persona〕」とは、性格〔character〕を表わす用語とは異なる。それは人間が人間として在ることの根源的理由である。法の下の平等も、人格の実在にもとづく。

優れた徳性をもった人物を人格者というが、それは性格がよいことが示されているのではない。人間であることの貴さを体現している者の謂いである。フランクルの哲学とは、「人格」復権の形而上学だと言える。

一九五〇年にフランクルは、「人格についての十題」と題する講演を行っている。小品だが彼の哲学的マニフェストとして特異の重みをもつ一篇である。そこで彼は、人格がどこまでも固有的なものであることを論じる。人格が、思想信条、信仰、政治的、社会的立場などあらゆる事象に先立つことを言明する。人間は、人格を宿しているという事実において平等であり、すべての人は、人格という不可視なものの働きによって、人間として存在している。別な言い方をすれば、肉体をもって在ることが、人格の実在を明示している。「神」を語ることに慎重だった彼も、この講演では、人格が「神の似姿」の顕われである、ということに躊躇しなかった。

人格に優劣はない。人格は肉体の内にあるのではない。この不可視な実在が肉体を包んでいる。存在の次元においては、肉体もまた、優劣を測ることの埒外にある。身体能力の有無は、人格を脅かさない。

水俣でベッドに横たわっていた人々にも、強制収容所に押し込められた人々にも人格は等しく存在する。「精神が病気になることは絶対にありえないのです。〔中略〕病気であったり病気になることがあるのは、心理的な側面だけです」（『それでも人生にイエスと言う』山田邦男・松田美佳訳）とフランクルは語る。英語での著作でフランクルは、「精神的《ガイスティッヒ》」を意味するとき

spiritualと記していることから、ここでの「精神」は「霊的」と訳す方が彼の意図に即している。彼にとって「精神」は「人格」の異名である。「精神」が何ものにも侵されることはないように、人格もまた、常に完全であり続ける。

生還した翌年に行われた講演でフランクルは、収容所で迫害される様子を次のように語った。

最後の最後まで問題でありつづけたのは、人間でした。「裸の」人間でした。この数年間に、すべてのものが人間から抜け落ちました。金も、権力も、名声もです。もはや何ものも確かでなくなりました。人生も、健康も、幸福もです。すべてが疑わしいものになりました。虚栄も、野心も、縁故もです。すべてが、裸の実存に還元されました。苦痛に焼き尽くされて、本質的でないものはすべて溶け去りました。人間は溶けだされて一つになり、その正体をあらわしました。〔中略〕つまり本来の人間では全然ありませんでした。つまりじっさい、どこの誰でもない人間でした。匿名の人間、名もない「もの」、たとえば囚人番号でした。人間は今となってはもうそういう「もの」でしかなかったのです。

（『それでも人生にイエスと言う』山田邦男・松田美佳訳）

ファシズムは、人格という、見えないが、たしかに存在するものの働きを恐れていた。彼らは、人間が人格を共振させることで他者とつながることを知っていた。ナチスはその関係を断絶しようとする。

人生が生きることを求めている

個であるとき、人格は輝く。ナチスはまず、囚人となった人々から名前を奪った。彼らは番号で呼ばれるようになる。そして社会的な立場も誇りも、人間であることのあらゆる表象が一つ一つ打ち砕かれてゆく。

だが、誤解してはならない。先の一節からフランクルが語りはじめようとしているのは尊厳の敗北ではない。絶対条件においても朽ちることのない人格の勝利である。人格の存在は、あらゆる差別の根拠となる思想を打ち砕く。

『夜と霧』でフランクルは、「わたしが恐れるのはただひとつ、わたしがわたしの苦悩に値しない人間になることだ」と言ったドストエフスキーの言葉を引いている。「苦悩」——彼がいう「真摯な苦悩」——とは、収容所を経験したフランクルにとって生きる意味と同義だった。それは、彼が「神」と呼んだ、大いなるものの、人生への訪れだった。だからこそ、彼にとって苦悩は、忌諱する対象ではなく、その深みを生きてみるに値する何ものかだったのである。苦悩とは、生きる意味が人格にふれることだった。苦悩の存在が、内なる人格の存在を人間に告げ知らせると彼は考えた。

苦悩は、不可避なものであることによって運命的ではあるが、固定したものではない。苦悩は姿を変じる。人生の究極を指し示す「意味」は、しばしば「苦悩」の姿をして私たちの前に顕われる。収容所でフランクルが経験した苦悩は、大きな転回を迫った。

ここで必要なのは、生きる意味についての問いを百八十度方向転換することだ。わたしたちが生きることからなにを期待するかではなく、むしろひたすら、生きることがわたしたちからなにを期待しているかが問題なのだ

（『夜と霧』池田香代子訳）

この一節は、「生きる意味」における「コペルニクス的転回」として、フランクルの言葉のなかでもっともよく引用される。

しばしば人は、どう生きるかを問い、答えが見つからず絶望する。しかし、フランクルが収容所で直面した問いは少し違っていた。彼は、人はなぜ生きるのかを考えた。彼にもたらされた実感はこうだった。

人は、単に生きているのではない。生きることを人生に求められて存在している。人生が、個々の人間に生きることを求めている。人生はいつも、個々の人間に、その人にしか実現できない絶対的な意味を託している。

『夜と霧』の刊行と同時期に行われた講演でフランクルは「人生の問い」に応じることをめぐって次のように語った。

私たちが「生きる意味があるか」と問うのは、はじめから誤っているのです。つまり、私たちは、生きる意味を問うてはならないのです。人生こそが問いを出し私たちに問いを提起しているからです。私たちは問われている存在なのです。私たちは、人生がたえずそのときそのときに出す問い、「人生の問い」に答えなければならない、答を出さなければならない存在なのです。生きること自体、問われていることにほかなりません。私たちが生きていくことは答えることにほかなりません。

（『それでも人生にイエスと言う』山田邦男・松田美佳訳）

ここで「答える」と訳されている言葉は、むしろ「応える」と記した方がフランクルの本意に近いだろう。同じ人生がない以上、人生には誰にでも当てはまるような解答らしきものはあり得ない。あるのはいつも、その瞬間に応じることだけだからだ。人間に求められていることは問うことではなく、むしろ、人生という大きな問いに、ある「態度」をもって時々刻々応えることだというのである。人生はいつも行動というコトバによって応じられるのを待っている。生きるとは、人生の前に、行動することによって、自らを証しすることだと、フランクルは考えた。彼が選んだ最初の行動、それが収容所での生活を人々に伝えることだった。

先に引いた、生きることの視座を百八十度転換しなくてはならないとの一節には次のような傍線部の記述が続く。「わたしたちが生きることからなにを期待するかではなく、むしろひたすら、生きることがわたしたちからなにを期待しているかが問題なのだ、ということを学び、絶望している人間に伝えねばならない」

人生を決定するような出来事は、そこに秘められた意味を他者に伝えることではじめて結実する。伝える道程のなかで経験することは、その元となる経験に勝るとも劣らない深い意味をもつ、というのである。

このときフランクルもまた、石牟礼と同じくコトバの通路になっている。『夜と霧』の出版を考えたフランクルは当初、匿名での出版を考えていた。執筆の経緯を彼は、この本の序文にあたる一文にこう書いている。

> ここでわたしは、はじめこの本を実名ではなく、被収容者番号で公表するつもりだったことに留意をうながしておきたい。経験者たちの露出趣味に抵抗感を覚えたからだ。しかし、匿名で公表されたものは価値が劣る、名乗る勇気は認識の価値を高める、と自分に言い聞かせ、名前を出すことにした。わたしは事実のために、名前を消すことを断念した。そして自分を晒《さら》け出す恥をのりこえ、勇気をふるって告白した。いわばわたし自身を売り渡したのだ。

ここでフランクルがいう「事実」、すなわち収容所での日々は、けっして古びることはない。それはいつも今によみがえってくる。今日、私たちが『夜と霧』を読む意味は、ここでフランクルが「事実」と記したものの実相にふれるところにある。この本のはじめには、こんな一節がある。「わたしたちはためらわずに言うことができる。いい人は帰ってこなかった」。フランクルにとって「事実」とは、この「帰ってこなかった」人々の証言者となることだった。

無名の人たちによる高貴な実践

長い収容所での暮らしが続き、幾つもの場所を転々としなくてはならなかった人々は、いつの間にか良心を失い、暴力をふるうことにも、また、仲間たちから物を盗むことにも、ほとんど悪意を感じなくなっていた。無感覚になることで人々は、ようやく自らの命をつないでいた。収容所で生き残るためには倫理を捨てなくてはならない。倫理を自ら手放すとき、人は人格を見失う。自己の人格との交わりが希薄になったとき人は、他者の人格を十分に認めることが難しくなる。フランクルはこうした人間を糾弾しない。だが、彼は、人間が弱い者である事実を隠すこともなかった。

こうした状況下でも人格を見失わない者たちはいた。自分もやせ細って行くなかで、わずかなパンを、衰弱して行く者に差し出す者、通りすがりの人に情愛のある言葉を投げかける者もいた。そうした出来事は収容されたユダヤ人の間だけで起こったのではなかった。ある日、収容所の現場監督もまた、弱っているフランクルに小さなパンを差し出した。

わたしはそれが、監督が自分の朝食から取りおいたものだということを知っていた。あのとき、わたしに涙をぼろぼろこぼさせたのは、パンという物ではなかった。それは、あのときこの男がわたしにしめした人間らしさだった。そして、パンを差し出しながらわたしにかけた人間らしい言葉、そして人間らしいまなざしだった……。

（『夜と霧』池田香代子訳）

同質の人々が多くいたわけではない。だが、わずかだとしても、それが朽ちることのない人格の証明であることは否定できないとフランクルは強調する。彼は、こうした営みを「人生の業績」であるという。そればかりか通常世間で評価されている業績にも勝るものであることを繰り返し、論じた。

もし、フランクルが『苦海浄土』を読むことがあったなら、と想像してみる。彼はそこに刻まれた無数の「業績」を見過ごすことはなかっただろう。

無名の人間によって実践された、どこまでも高貴な出来事を量の世界に還元することに、フランクルは強く警鐘を鳴らす。人格が絶対的に個的な存在である以上、その生涯で起こった個々の事象もまた、固有の意味を失わない。

こうした光景にふれ、フランクルは「あたえられた環境でいかにふるまうかという、人間としての最後の自由だけは奪えない」（『夜と霧』）と語っている。

ある日講義でフランクルは、これから医師になろうとする学生たちに形而上学の必要性を訴えた。「形而上学とは、もともと誰もが知っていることを私たちに告げるものにすぎません。しかし、形而上学は、それを敢えてなさなければならないのです」（『制約されざる人間』山田邦男監訳）と呼びかけた。フランクルにとって形而上学は、徹底的に日常の出来事だった。「日常の形而上学」と彼が言うように、真の形而上学はいつも、市井の人々の生活に寄り添うものでなくてはならなかった。むしろ、彼にとって形而上学とは、思想界という象牙の塔に幽閉されている叡知を救い出すことだった。別な講演でも彼は日常の永遠性を語った。

日常は灰色で平凡でつまらないものに見えますが、そう見えるだけなのです。〔中略〕大切なのは、この永遠が、時間に戻るよう私たちに指し示しているということです。時間的なもの、日常的なものは、有限なものが無限なものにたえず出会う場所なのです。〔中略〕
私たちが時間の中で創造したり、体験したり、苦悩したりしていることは、同時に永遠に向かって創造し、体験し、苦悩しているのです。〔中略〕日常の形而上学は私たちを、まず日常から連れ出すけれども、自覚とともに、責任の自覚とともに、ふたたび日常に連れ戻すのです。
（『それでも人生にイエスと言う』山田邦男・松田美佳訳）

フランクルと同時代人であり、同じ「精神」の領域を生きたユングが、最晩年に著した自伝でこう語っている。「私の生涯のうちで最もすばらしくかつ有意義な会話は、無名の人々との会話であった」(『ユング自伝』河合隼雄他訳)。同質の実感は、フランクルの著作にも充溢している。

第十二章　認める　辰巳芳子と「いのち」

「いのち」と食べること

世の中が与える呼称は、その人物の本質を隠すことがある。当の人を知れば知るほど、そうした感を強くする。辰巳芳子（一九二四〜）はしばしば「料理研究家」として紹介される。誤りではないのだが、いたく窮屈な感じが伴う。辰巳は、「食」を窓にし、「光」をたよりにしながら、「いのち」とは何かを考え続けてきた。初期の著作『味覚旬月』に収められた、ある一文の冒頭を辰巳は、次のような一節から始めている。

春を待つ、人々の心根は
もえ出づる、とりどりの新たな命に
自分の命を重ね、一つ光の中で
共に息づく、その喜びをこそ
仰ぎ求めているような気がする。

人は、春の到来を心待ちにする。その時節には、いつにも増して、わが身に宿る命の躍動をはっきりと感じることができる。命が、真にもう一つの命を感じるとき人は、魂に光が射し込んでいるのを実感するのかもしれない。命を感じることほど人間を幸福にすることはないのではないか、と辰巳はいうのだろう。

この本で辰巳は、何度も光を描き出そうとする。光と光るものは違う。輝きも光線も、光の働きの顕われであって、光そのものではない。人は、光をそのまま感じることはできない。

だが人は、光が遍在していることも知っている。闇しか感じることができないような悲嘆にくれているときも、光はたしかに存在している。闇であると、感じているその時空を存在させているものが光だからだ。

光のほかにもう一つ、この散文集で辰巳が、まるで織物を紡ぎ上げるように、幾度となく語る言葉が「命」である。先の詩に記されていた「命」の一語は、同じ本に収められた少し先の文章では、ひらがなで「いのち」と表わされるようになり、のちに辰巳芳子の哲学の中核をなす言葉となってゆく。

「いのち」もまた、それ自体を見ることも、「いのち」そのものにふれることもできない。しかし、誰もが「いのち」があることを知っている。さらにいえば、「いのち」の実在ほどはっきりと、また、間断なく経験されていることはないといってよい。

『味覚旬月』は当初、『手の味　こころの味』と名づけられていた。この本は辰巳にとって二冊目の著作だった。このときからすでに、いのちと光の詩学とも呼ぶべき内容が具えられていたことは注目してよい。

哲学を語る、などと前置きがなくても、まざまざと哲学が表現されることはある。哲学の原意は、人間が人間を超える者の叡知に直接ふれる経験を指すからである。詩は、詩人の口から出るとは限らない。むしろ詩の言葉を口にした者が詩人なのだろう。詩学とは、詩と哲学のあわいに生まれる叡知の台座の異名である。

先の詩の一節に「春を待つ」とあったが、辰巳にとって「待つ」とは、もっとも積極的な、それだけでなく、代替することのできない厳粛な営みだった。むしろ、究極的に人間に課せられているのは「待つ」ことであることを、彼女はさまざまなところで語っている。砂糖水を作りたければ、砂糖が水に溶けるのを待たなくてはならない、そういったのは哲学者ベルクソンである。素朴な事実だが、「待つ」ことの、あるいは料理の根本原則が集約されている。

梅を漬ける。野菜を煮る。スープを作る。漬ける、煮る、作る、どこにも「待つ」という文字を見付けることはできないが、ひとたびそれを営んでみれば、歴然として「待つ」ことの意味が顕われてくる。

料理とは、「食」を通じて万物の理法を経験することである。「料」という文字は「はかる」ことを意味する。だが、料然《りようぜん》という言葉があるように、隠されているものを見出す、との意味もある。「理」は、理法、公理という言葉通り、万物に遍く働きかける秩序である。料理とは、ふれ得ないもの、見えないものを、この世界に顕現させることだといえる。出汁《だし》を引く手順を辰巳は、次のように書いている。

1 鍋に水を入れ、昆布を入れて一時間ほどおく。

2 中火の強くらいの火にかけ、昆布の縁に小さな泡がつき、ゆらりと揺れはじめたら火を弱める。間で味をみながら、できるだけ昆布の滋養とうまみを引き出す。

3 よしとなったら昆布を取り出し、その鍋に¼カップくらいの水を入れて温度を下げ、すぐにかつお節を鍋全体に広げるように入れる。

4 入れたら長く煮ないこと。呼吸にして五呼吸くらい。味をみて、用意しておいたこし器で一気にこす。かつお節を押さえて出汁をしぼったりはせぬこと。

(『あなたのために』)

こうした献立は、辰巳芳子の本には幾つも記されている。それらは手順書だが、同時に人間の実存にそのまま問いかける言葉を秘めている。「食べることとは、人間の知性、感性をも左右し、さらに、人をして、その人こそその人生を全うせしめる原動力、魂とでもいうより致し方のない、実存の核に深くかかわると、考えられてなりません」(『辰巳芳子の旬を味わう』「あとがき」)と辰巳は書いている。ここでの「実存」とは、「いのち」に直接的にかかわる問題であることを指す。

食は、誰の眼にも明らかなように、人はなぜ生きるのかという根本問題と直結しているではないか、どうしてそのことを軽視するのか、と彼女は幾度となく現代に問いかける。

食べることが養う関係

ある対談で辰巳は、「患者さんが召し上がるのは栄養じゃないんですよね。ものを食べるということは、人間が人間らしくあるための根源的な営みですから」(『食といのち』)と語ったことがある。この発言は、辰巳が、看護師川嶋みどりと、ガンなど困難な病を生きる人々にとって「食」とは何かをめぐって交わされた対話のなかにある。

余命が限られ、さらに食べるという行為すら困難になりつつある人が、辰巳のスープを飲むという動きが広がっている。また、自分の大切な人の最期に寄り添うようにスープを作る人がいる。このとき献立は、「食」という道を通じて彼方の世界へと進む道標になる。飲んだ人は深い安堵を感じる。作る者は内なる情愛が湧き出る、豊かな発露を得る。

食べることを止めることができないことを知りながら現代は、食の問題を追究することを避けている。あるいは食の問題を「食糧」あるいは「食材」の問題にすり替えている。それは「いのち」の問題を「病気」とその予防に置き換えるのに似ている。「病気」は存在しない。存在するのは、病を背負い、苦しむ個々の人間である。

「食糧」、「食材」は、栄養を含む物質の呼び名だが、そのままでは魂には働きかけない。一時的に空腹を紛らわすことはできるが、深いところから肉体を養うことはない。

死に臨み、「いのち」の世界とも呼ぶべき場所に赴こうとする人々が、「いのち」を養いたいと願うのはむしろ、自然なことである。死と「いのち」をめぐって辰巳はこう語っている。

人が亡くなっていくときの動的平衡というのが、もしも崩壊という言葉を使うような形をとるのであればね、いのちが急に気を変えたような感じがするの。でも、人の目にはそこで崩壊していくように見えるのかもしれないのだけれども、実はそれは動的平衡として一番美しい状態、一番いい形を目指しているのではないか……

（『食といのち』）

「動的平衡」とは、辰巳が信頼する分子生物学者福岡伸一（一九五九〜）が唱える生命観である。福岡は、生命は一瞬たりとも止まることなく力動することで存在し得る、と考える。その哲学に辰巳は、自身の感じる「いのち」の躍動を重ね合わせる。

肉体から見れば死は終焉の合図かもしれないが、「動的平衡」の視座に立ってみると、まったく別の光景が映ってくる。死に臨むとき人は、もっとも輝いている。「いのち」の光輝はけっして失われないのではないか、と辰巳はいう。

食とは、心身と人と人の関係を養うだけでなく、食べものという見えるものを通じて、見えない思いを世界に表す行為でもある。彼女にとって「食」あるいは「いのち」は、生者だけの問題ではない。死者との関係を育む場でもあった。死者にささげる供物をめぐって辰巳はこう述べている。

命日、お彼岸、お盆、正月には仏様用のお膳に、ままごとのように自分達と同じ食べものが盛ってあり、家中で替わりがわり御拝をする。こうした死者への追慕、感謝の表現を、「亡くなった人は飲み食いしないのに」と、西洋の尼僧にいぶかられたことがあった。

私もキリスト教徒であるが、これは東洋の情感のなせる業。過剰または、なさらぬ方へのそしりはさけて、失いたくない、美しい日常性と思う。

心の思いを形に表わすのは、何によらず、ちょっと奮発がいる。まして、死者は口をきかないから、亡き人への心尽くしは余程のことがないと、おみこしは上げにくい。

（『味覚旬月』）

ここで辰巳が描き出すことに成功しているのは沈黙である。生者は、死者と語ろうとするとき、沈黙という場を準備しなくてはならないというのだろう。なぜなら死者は、生者が一方的に呼び掛ける相手ではなく、むしろ、生者の日常を守護する者でもあるからだ。辰巳にとって死者は、生きている死者は、いつも「追慕、感謝」の相手となる。

自分にも、たしかに「いのち」が宿っていることを知るために人は、どうしても他者の存在を必要とする。他者とは生きている人間とは限らない。死者もそこにふくまれる。しかし、「もの」もまた、「いのち」を告げ知らせる他者であると辰巳はいう。

西川一草亭は、「生花」は造形ではなく、花の「いのち」のつかの間の輝きを発揚させるのが真髄と言われ、花の心、すなわち花のいのちを瓶の中に生かそうとされた。

台所仕事は、土が生み、育んだもの、水の中で生まれ、養われたもの、「いのち」あるもので「いのち」を作る技。

花陰に佇むように、「もの」の心と一つになり、光に匂う花の彼方の空を仰ぐように、と
き放たれた心で「もの」のいのちを扱いたい。

（『味覚旬月』）

生花とは人間が造った形態を楽しむことではなく、一瞬に顕現する、いのちの躍動を世に刻むことだというのである。西川一草亭（一八七八～一九三八）は、明治から昭和初期を生きた花道家で、弟は画家の津田青楓（一八八〇～一九七八）である。青楓は夏目漱石（一八六七～一九一六）とも親しいことから、一草亭も漱石と交わりを深めた。一草亭が花道に見出したいのちの霊性と呼ぶべき事象を、辰巳は食の世界で実現しようとする。

食べ物を通じて世界と対峙する

食の現在と辰巳の半生が、何かを織りなすように描かれた『天のしずく』と題するドキュメンタリー映画の秀作がある。そのなかで辰巳はふと、こう語った。「土は天からの言葉」。土には通常の言語を超えたコトバが宿っているというのである。

これまでにも同質のことを語った人がいる。物理学者で雪の研究で知られ、また、散文家としても愛された中谷宇吉郎（一九〇〇～一九六二）は、代表作となった『雪』を次の文章を含む一節で終えている。「雪の結晶は、天から送られた手紙であるということが出来る。そしてその中の文句は結晶の形及び模様という暗号で書かれているのである」。辰巳が、中谷の言葉を知っていたかどうかはあまり問題ではない。二人はともに実感を語ったに過ぎない。

むしろ、自分の仕事は「結晶の形及び模様という暗号」を読みとくことだと中谷が語ったところを、「味と滋養という暗号」を読みとくこと、と書き換えればそのまま、辰巳が今日も続けている営みになる。その一致がじつに興味深い。彼らにとって自然は、天としか呼びようのない超越者からのコトバに満ちていると感じられたのである。

先に辰巳が書いていた「もの」には、もちろん食べものも含まれる。食べものは土で育つ。土に潜むコトバが、食べものを育む。料理とはそのコトバを解き明かすことである。

豊かな食べものから遠ざけられると肉体は力を失う。食べものは、かけがえのない糧である。身体が食べものを必要とするように、魂はコトバをもとめる。コトバは魂の糧である。豊かなコトバから遠ざかる魂は、飢え、渇く。辰巳は、言語である言葉と食というコトバを通じて、万人に等しく「いのち」が宿っていることを伝えようとしている。人が生きているのではなく、「いのち」が人間を生かしていることを示そうとしている。近年書かれた著作のはじめに辰巳は、「生命」と「いのち」をそれぞれ次のように定義する。

「生命」とは、いわゆる生物学や生命科学の対象になるもの。一方、「いのち」は、より深く広く。魂そのものをも含み、ヒトを人にすることを可能にするものに他ならない。

（『食といのち』）

「ヒト」は、生物学上の呼称である。「人」は、魂をもった固有の存在である。そして「人」はいつも他者との間《あわい》に生きることによって人間になる。生命と「いのち」が分かたれたところに近代が始まった。辰巳の仕事はその分断を回復することにある。辰巳は科学を否定しない。しかし、科学が、今も進化していることそれ自体が示すように不完全であることを見失わない。彼女はいたずらに神秘を語らない。むしろ省察を欠いた感情に流され、合理を尊重しない態度を厳しく諫《いさ》める。しかし、行いが合理であるとき、すなわち人が理《ことわり》にそって行動するとき、人間の前に予想だにしなかった世界が開かれてくることへの驚きを忘れない。だが、自然からもたらされる驚きは必ずしも朗報とは限らない。

よもぎは早や十年以上も香りを失っており、春に草団子を作る意味は半減していました。今年から木の芽も……、と実に憮然たる心地がしています。山椒ほどの強い性根の植物の変化はおそらく我々への重大な合図でしょう、よもぎの段階で世に訴えるべきだったと悔やまれてなりません。

（『味覚日乗』）

植物に宿っている栄養はさまざまなかたちで人間の感覚に訴える。色、味、香りもその重要な一つである。よもぎの香りの薄れは、この植物の生命力が落ちていることを告げている。それればかりか、山椒のような逆境に強い植物からも同様の叫びを聴く。

自然を流れる秩序に、人間による不用意な、また破壊的な介入が続いている。それは当然、自然の一部である人間を滅ぼすことになる。辰巳の母辰巳浜子（一九〇四〜一九七七）も同業だった。彼女にも自然は語りかける。何かを託すかのように呼びかける。『料理歳時記』と題する浜子の著作がある。この著作は四十年以上前に刊行され、今日も版を重ねている。その「あとがき」に浜子はこんな言葉を残している。

原稿は雑誌に七年間連載されたものをもとにしている。本にしようとして、かつてのものを読みなおしてみると、時代もずれ、内容が不十分なところも少なくない、そう思って加筆した。しかし、「ただ十数年以前から食品公害の予想を心配して、事ある毎によびかけつづけていたことが、今日ようよう事実となって皆様の前に姿を現わし、是非をきびしく問われるように」なった。その点においてだけは一定の役割を果し得たかもしれない、というのである。

母が亡くなると、その切り拓いた道を受け継ぎ、そこにさまざまな分野を架橋して、新たな交わりが生まれる緑野を準備することが芳子の仕事になった。芳子が継承しているのは料理の方法だけではない。食べものを通じていかに世界と対峙し、そこに働きかけて行くかという実践においても芳子は、浜子の後継者となっている。芳子は、東日本大震災のずっと前から、少なくとも二〇〇六年の三月の六ヶ所村の核燃料再処理工場の試運転以降、はっきりと原子力発電所に反対の意思を表明している。それも、今日の状況を予見する次のような言葉を書き記しながら、政府に、また電力会社各社に強く抗議している。

「国の原子力政策担当者の方々にも申し上げる。あなたがたはご自身の子や孫に、放射能の含まれた海産物を、『残さずめしあがれ』と言えるだろうか？　既に決めたことと思わないでいただきたい。退くことは可能である。この政策の是非を、検討していただきたい」（『この国の食を守りたい』）。推し進めることよりも、退くことに叡知があることを現代はしばしば忘れる。現在の問題を解決する糸口を見いだそうとするとき、人はまず、歴史に学ばなくてはならないことを現代人は見過している。

また、同じ本で辰巳は、憲法第九条の改正にも強く反対する姿勢を明示している。第二次世界大戦で亡くなった各国の四千八百万を超える人々の統計を挙げ、辰巳はこう書いた。

戦争で死ぬということが、なぜいけないか。
あるべきでない死、死んではいけない死を死ぬからである。
憲法九条は、この国の若者のいのちの対価である。
死にたくて死んだ人は一人もいない。
九条を守らなければならない。
このことを言わずして、何を危機と申せようか。

多くの人が亡くなったから戦争がいけないのではない。それは一人であっても変わらない。辰巳が数字を列挙したのは、彼女がそこに一つ一つの魂を感じているからだ。辰巳が結婚してほどなく、夫は出征する。彼は辰巳のもとに戻ることはなかった。九条の文言は、彼女の夫もその一人である死者たちによって刻まれている。それを愚弄《ぐろう》するようなことは生者には許されてはいないというのである。

本当に美味しいと感じるとき

個が個としてありながら、個の特性をそのままに、新たな人格としての働きを生みだすことがある。『日本的霊性』で鈴木大拙は、法然とその弟子親鸞の思想には、二人の人間による一つの人格の軌跡としてみなければ、とうてい理解できないところがある、と語った。親鸞が語るとき、そこにはすでに死者となった法然が臨在する。

同じことは浜子と芳子にも言える。『手しおにかけた私の料理』と題する辰巳の編著がある。最初に浜子が書き、芳子がそれを引き継いだものだが、この本での「私」は、芳子でもあり、浜子でもあるが、二人の人間が醸し出す新たな一人格だといってよい。

母は真心《まごころ》の人だったと芳子は言う。『料理歳時記』の終わり近くで浜子はこう記している。「本物の味、真心が作り出す味、この味こそすべてに求めたい」。美味しいと感じられるものが生まれるまでには、どうしても真心という見えない働きを欠くことはできないというのである。

事実、浜子は真心がないことに黙ってはいられない人物だった。ある日、芳子は掃除の仕方に関して母に「真心のこめ方を知らない」と指摘される。真心がないのではなく、込め方を知らないと指摘されたので救われたが、悄然《しょうぜん》とする気持ちはどうしようもなかったと書いている。

だが、この出来事は芳子が真心とは何かを考える重要なきっかけになる。

真心に遭遇したとき、喜びをかみ殺すようなことをしてはならない。真心で自分の心が動いたときはその歓喜をしっかりと声に出さなくてはならないと辰巳は言う。


手づくりの美味しさには、心から「ああ、美味しい」と言いましょうね。

〝美味しい〟ってこと。あたり前じゃないんですよ。


(『味覚日乗』)


このような文体で辰巳が書くことは、けっして多くない。書きながら彼女は、傷つき、嘆きのうちにあって、深い信頼に裏打ちされた助けを必要とする人を思い浮かべていたのかもしれない。

感謝を口に出すのは相手への心づくしでもあるが、その声をまっさきに聞く自分のためでもある。だまって美味しさを感じることと、美味しいと感じ、それを口にすることは、似て非なる経験である。前者は味覚の経験だが、後者は実存的な、すなわち「いのち」にかかわる経験だからだ。

ある講演会で辰巳は、何かを食べて、本当に美味しいと感じるとき人は、何ものかによって自分の存在が認められたと感じる。自分は、生きていていいんだ、と強く実感する、と語った。

人間、仕事をして良きにつけ悪しきにつけ、〝認められぬ〟ほど疲れが抜けぬことはない。それは不思議なうっ積となって人の中に残る。人の労苦を受ける側は、どうしても認める努力を怠ってはならないと思う。

（『味覚旬月』）

このとき、認めるとは、真心の行いであり、情愛の萌芽である。相手の行為に意味を認めるということはすでに「いのち」にふれることになる。「いのち」にふれられた者は、自分のなかにけっして朽ちることのない何かがあることを知る。これが「食べる」ことの秘儀なのだろう。美味しい、と口に出すとき、人は、今まさに自分を生かし、また、永遠に滅びることのない「いのち」をまざまざと経験している。

講演のとき辰巳は、次の一節が記された紙を配ることがある。そこには九十年、あるいは母浜子にさかのぼる経験が収斂されているように感じられる。

「いのち」の目指すところは
「ヒト」が「人になること」「なろうとすること」
この命題にむけて、「ヒト」が心すること。
いのち（神佛）の慈悲から、目をそらさぬこと。

愛し愛されることを、存在の核にすえること。
宇宙・地球　即ち風土と一つになり
その一環として生きること。

「食べもの」をつくり　食すということは、
この在り方を尊厳することである。

食は、「いのち」と直結している。また、食とは、肉体が滅んでも「いのち」はけっして失われないことを日々新たに経験することである。さらに食は、万人に開かれた「いのち」を経験する場でもある。いつどんな人でも、食を通じて、万物を生かしているもう一つの大いなる「いのち」にふれることができる。食とは「いのち」と「いのち」の交感である。そうでなければ、イエスが弟子たちと、最後の晩餐の食卓を囲んだ意味も分からなくなる。

最後の食卓に臨んだときイエスは、すでに自らに十字架上での死が近づいているのをはっきりと感じている。福音書を読むと、このときよりも前に幾度にもわたってイエスは、自分の最期が近づいていることを弟子たちに語っていたことが分かる。言葉の記憶は過ぎ去る。イエスは弟子たちに、消えることのないコトバで語りかけようとする。イエスにとって食は、かけがえのないコトバだった。共に食べる、という素朴な営みのなかでイエスは、肉体が滅ぼされてもなお、「生きている」ものがあることを伝えようとした。

高校二年生のとき、辰巳芳子はカトリックの洗礼を受けた。もちろん今も彼女に信仰は生きている。だが、その事実を受けて、紋切り型のキリスト教思想から辰巳芳子の哲学を解釈しようとしても無駄である。生きたコトバは、既成の枠には収まらない。現代の宗教や哲学が食を顧みることを忘れていたからこそ、彼女が語り始めたのである。

第十三章　読む　皇后と愛しみが架ける橋

阪神大震災と一束の水仙

平成七（一九九五）年一月十七日、阪神淡路大震災が起こった。当時、日本全土から光が失われたかのような日々が続いた。しかし、東日本大震災のあとと同じように光は、外からもたらされたのではなく、悲しみを一身に背負いながらも、眼前の一瞬一瞬を懸命に生きる被災地の人びとによってよみがえったように思われる。

耐えることがほとんど不可能なほどに苛酷な現実を強いられた人びとが流した涙によって、明日への道は掘られ、いま、私たちはその上を歩いている。涙は、必ずしも目に見えるものばかりではない。心をぬらす涙は目に見えないが、それはときに烈しく流れている。

灯はたしかに燃えていても、一つだけでは、ふとしたことで消えてしまうかもしれない。闇を歩くことはできない。そのとき人は、歩くことを諦め、立ち止まりそうになる。ふたたび灯が宿るためには、不可視な、もう一つの火花が、胸に飛び火しなくてはならない。こうしたとき人は、絶対的に他者を必要とする。ときに絶望の中にある者が、ある行為に遭遇することで、ふたたび顔を上げ生き始めることがある。そうした出来事が、阪神淡路大震災から二週間後、皇后美智子（一九三四〜）が被災地を訪れたときに起こったように思われる。

あのとき皇后は、一束の水仙をもって現れ、焼け落ちた町の、まだ傷跡のなまなましい場所に静かに献花した。その水仙は、当日の朝、皇后が自らの住まいの庭から摘んできたものだった。

万葉の時代、「摘む」とは、単に草花を摘み取ることではなかった。白川静の『初期万葉論』によれば、摘むとは「願望の成就をねがう魂振り、予祝的な」営みだった。「魂振り」とは、万物に宿る「魂」を揺り動かすことである。古代の人にとって認識するとは、自分の魂とほかの魂がふれ合うことだった。「祝」とは、祝うことである以前に祈ることを意味する。さらに白川は、古代中国の『詩経』にも同様の記述があることにふれながら、「朝の陽気がただようすがすがしいうちに摘む草は、その魂振りの力もすぐれたものとされたのであろう」とも書いている。

おそらく皇后は、ここで白川が述べているようなことをすべて知り、その上で被災地に向っている。皇后にとって花を摘むとは全身全霊で行う大地との対話であり、祈りだった。「予祝のための草摘みは、自己の願望の成就を祈るものであるが、その願望はおおむね自己の思う人に向けられたもの」だったと白川は書いている。花は、亡き者に献じられているだけでなく、同時に、天に向けられた真摯な祈願であり、大地へ向けられた鎮まりの呼びかけでもあった。

古代において「思う」とは、現代人が用いるように必ずしも、「好む」ということを意味していない。それは、心の深層においてつながることを指した。古代の人々にとっては、互いにこころが開いてさえいれば、他者の深い悲しみは、自己の悲しみであるかのように感じられた。

さらに白川は、草摘みが、「思う」人のための営為でもあると共に、「『君のため』の魂振りとして行なわれる」とも述べている。

ここでの「君」は、単に天皇を意味するのではない。「君」とは、人が、その悲しみを痛いほどに慮《おもんぱか》る他者を指す。

あるとき皇后美智子は次のように詠った。

いかばかり難《かた》かりにけむたづさへて
君ら歩みし五十年《いそとせ》の道

この歌が作られたのも、平成七年、震災があった年である。皇后はこの歌に「戦後五十年遺族の上を思ひて」との言葉を添えている。

ここでの「君」は、傷つき、苦しみ、悲しみながら生きている人びとを意味する。遺族は、容易に癒されることのない悲しみをたずさえ、五十年の歳月を生きてきた。その道の苛酷さは想像に余る、というのである。

詠うとは、皇后にとって、自己の思いの表現であるより、自己を通じて行われる「予祝」の営みだった。皇后が「君」と呼ぶのは生者だけではない。死者も含まれる。「君」と呼びかける行為は、皇后にとって魂は不滅であることを物語っている。

神奈川県の観音崎に戦没船員の碑がある。この碑は、戦没者だけでなく、海難事故で亡くなった人びとを追悼するものとして建てられた。昭和四十六（一九七一）年、その除幕式に皇后は、激しい雨のなか参列した。次に見るのはそのときに詠まれた歌である。

かく濡れて遺族らと祈る更にさらに
ひたぬれて君ら逝《ゆ》き給ひしか

豪雨によって激しく雨に打たれ、遺族と共に濡れながら祈っている。しかし、逝った者たちは、波に飲まれ、比べようもないほどに濡れながら逝ったのである、と皇后は詠う。

ここに現れているのは想像の働きによるものではない。生起しているのは宿りともいうべき出来事である。

万葉の時代を生きた人々は、「思うことによって容易に共感関係に入り」得た、と語りながら白川は、ある歌を引き、「人の歎きはわが髪をもぬらすのである」と書いている。先のように詠うとき、皇后の魂はいにしえの時代を生きている。

皇后とかなしみの歌

先の二首をふくむ、三百六十七首の歌を収めた『瀬音』と題する皇后の歌集がある。折り重なる歌を貫くのは、「かなしみ」である。かなしみの歌は、静謐な、しかし、けっして消えることのない、松明《たいまつ》の焔のような悲願の言葉として顕われる。なかでも先の一首にあったように「君」と呼びかけ、死者を悼む歌には、字義通りの意味での哀悼の念が流れていて、その律動は時空を超えて響きわたる。そこには、哀しみの感情があるだけでなく「悼」の文字が意味するように、こころを震わせる痛みと嘆きの共感がある。歴史的な解釈や判断の前に、人生に苦難を背負いながら逝った、先人の魂へとまっすぐに注がれたまなざしがある。

かなしみが詠われるとき、必ずしも「かなし」と記されるとは限らない。たとえば、次の一首に現れている「かなしみ」は、単なる悲嘆の感情ではないだろう。皇后が東京東村山にあるハンセン病療養施設全生園に赴いたときの歌である。

めしひつつ住む人多きこの園に
風運びこよ木の香《か》花の香

風、木、花、香はすべて、悲しみを慰藉するものとして描かれている。深く慰められる者は、深く悲しみを生きた者である。全生園に暮らす人々はハンセン病のため、視力を、あるいは身体の自由を奪われ、長く隔離され、差別されて来た。

しかし、世界は、彼らにその見えなくなった眼にしか映らない真実を告げる。そのことを皇后は長年にわたるハンセン病の人びととの交わりのなかで感じている。皇后は、彼らが背負った艱難に、真の栄光と祝福がもたらされるようにと祈るのである。

苦しみながら生きる者は、どこにいても、どんな姿をしていても勇者である。この歌は、次の一首と共に読まれるとき、いっそう皇后の真意がはっきりと感じられるだろう。

言《こと》の葉《は》となりて我よりいでざりし
あまたの思ひ今いとほしむ

この歌は、思いが言葉にならないことを嘆いているのではないだろう。言葉とは、別のかたちで生きている、言語の奥に、姿の異なるコトバがあることを告げている。

「いとおしむ」とは、どこまでも相手を思うことである。いと惜しむことである。「いと」とは、何かを限りなく行うさまを指す。「惜しむ」とは、思いを尽すことができないことに悲しみを覚えることを意味する。古語で「おし」は、「惜《お》し」とも書くが「愛《お》し」とも書いた。愛惜という表現があるように「いとおし」は「いと愛し」と同義である。

情愛が深くなるから、掛ける言葉が見つからない、そうしたことはある。皇后は苦難を生きる人びとを前にして、何度もこうした心持ちをいだいたのではなかっただろうか。

伝えなくてはならないことはある、しかし、言葉だけではどうしても伝えられない。だから、赴き、寄り添い、手を握る。思いは言葉を経ることなく伝わり、伝わってくる。

このとき、皇后は、言語とは別の姿で人びとの思いを身に宿す。この一首は、託された市井に在る無数の生を愛しむ歌でもある。

「かなしむ」、と皇后が詠うときもある。暖冬で雪が少ない。しかし、ある夕方、つかの間にふる雪を皇后は「かなしむ」と詠う。

暖冬に雪なくすぎしこの夕《ゆふべ》
つかの間《ま》降れる雪をかなしむ

雪が少ないことを悲しむのではない。もちろん雪を見て、感傷に流されているのでもない。ここでの「かなし」は、現代人が表面的な感情の揺れ動きを示すときに用いる「悲しみ」からは遠い。「かなし」と皇后が詠うとき、そこにはいつも、多層的な情感と情愛がある。

雪に乗って人びとのこころの奥にあるかなしみが皇后のこころをふるわせる。このとき雪は、皇后と人びとを結ぶ窓になる。「かなしみ」を詠ったこの歌に出会ったとき、自ずと思いだされたのは、次に引く柳宗悦の一節だった。柳は、悲しむとは、慈悲と悲愛のはじまりであり、悲しみとは、真実の意味における美が顕現する合図だという。

悲しみは慈《いつくし》みでありまた「愛《いとお》しみ」である。悲しみを持たぬ慈愛があろうか。それ故慈悲ともいう。仰いで大悲ともいう。古語では「愛し」を「かなし」と読み、更に「美し」という文字をさえ「かなし」と読んだ。信仰は慈みに充ちる観音菩薩を「悲母観音」と呼ぶではないか。それどころか「悲母阿弥陀仏」なる言葉さえある。基督教でもその信仰の深まった中世紀においては、マリアを呼ぶのに、'Lady of Sorrows' の言葉を用いた。「悲しみの女」の義である。

（『南無阿弥陀仏』）

悲しみは、痛みの経験であると共に、慈しみの芽生えでもある。どうして悲しみが、悲惨なだけの経験であり得よう。「美《かな》し」と書くように「かなしみ」の底にはいつも、無上の美が流れている。そのことを忘れた近代を、柳は憂う。悲しみは、その深みにおいて、対立の関係にあるものの姿を変え得る力をもつ。宗教における超越者は、宗派の差異を超え、悲しみの衣をまとうように存在していることに注意を促す。ここで柳が言う「美」とは、美醜の対比のなかにあるものではない。美醜が分かれる前の美である。それを柳は「不二の美」と呼んだ。

「不二の美」は、
醜でもなく、美でもないものです。
美と醜とがまだ分れない前のものです。
美と醜とが互に即して了《しま》うものです。
反面に醜のない、美それ自らのものです。
（「無有好醜の願」）

悲しみを生きることとは、世に言うように「美しく」はないだろう。だが、世にしばしば思われるような「醜い」経験でもない。柳にとって悲しみはいわば、超越へとまっすぐ続く道だった。

悲しみが平和をつくる

他者への情愛は、喜びのうちにもあるだろうが、悲しみのなかにいっそう豊かに育まれる。

なぜなら、悲しみは、文化、時代を超え、未知なる他者が集うことができる叡知の緑野でもあるからだ。喜びにおいて、文化を超えて集うことはときに困難なことがある。しかし、悲しみのとき、世界はしばしば、狭くまた近く、そして固く結びつく。

一九九八年にインドのニューデリーで行われた国際児童図書評議会の世界大会にむけて皇后は、ビデオでメッセージを寄せた。その大会の主題は「平和」だった。児童文学と平和がいかに結びつくのか。この問いに皇后は肉声で応える。このときの記録が『橋をかける』と題する講演録となっている。

そこで皇后が語り始めたのも「悲しみ」をめぐってだった。世界各国から集まった児童文学に深くかかわる人びとの前で皇后は、幼いときに読み聞かせられた新美南吉（一九一三〜一九四三）の「でんでん虫のかなしみ」にふれながら話を始めた。

ある日、でんでん虫は、自分が背負う殻が悲しみでいっぱいになっていることに気がつく。不安にかられ、友を訪ね、悲しみのあまりもう生きていけないのではないかと語る。すると友達も、いや、君だけではない。自分も同じなんだという。その後もでんでん虫は、つぎつぎと友のもとを訪れ、内心を語るが、かえってくる声は同じだった。でんでん虫はようやく、悲しみを持たない者はどこにもいないことに気がつく。むしろ、生きるとは自分の悲しみを背負うことと同じであることを知る。

この物語を読み聞かせられたのがいつだったのか精確に思いだすことはできない。だが、読書が、「悲しみ」との遭遇にはじまったことは決定的な出来事だったと皇后はいう。ここに幼い少女における「読む」こととの出会いの萌芽がある。

実際に「読む」ことが始まったのは戦時中、疎開していたころだった。当時は物が不足していて少女の周りにも本はほとんどない。しかし、数冊の本はあり、そのうちの一冊が日本の神話や伝説を語ったものだった。

のちの二〇〇二年、スイスのバーゼルでの同評議会創立五十周年記念大会において皇后は、この本を読むことは、「非常にぼんやり」ではあったがと断りながらも「自分が民族の歴史の先端で過去と共に生きている感覚を与え、私に自分の帰属するところを自覚させ」た、と語っている。少女にとって、歴史は消え去ることがない。さらにいえば歴史が過ぎ去ることのない次元があることを、少女は「読むこと」を通じて経験している。「読む」とは他者の言葉に出会うことでもあるが、言葉の姿をした他者と出会うことでもある。言語の奥に潜むもう一つの「言葉」は、時空を超えて読む者の魂に呼びかける。この出来事は、少女が皇后となったあとも生き続けた。皇后は、このことは、未知の他国を知ろうとするときに、「まずその国に伝わる神話や伝説、民話等に関心を持つという、楽しい他国理解への道を」開いたと述べている。

この講演で皇后は、平和が何であるかについて語ることはない。しかし、皇后は、「悲しみ」と「民族」と「歴史」を語った。悲しみ、あるいは愛しみを通じて、異なる民族と向き合い、歴史を生きてみることに平和の源泉を探そうとする。

明治四十三（一九一〇）年、日韓併合があり、韓国に日本による政治支配を実行する朝鮮総督府が出来た。大正八（一九一九）年三月、韓国で独立運動が起こる。柳宗悦は、日本による圧政に心を痛めた。当時彼は三十歳だった。翌年彼は、日本政府に抗議するため、「朝鮮の友に贈る書」と題する公開書簡を世に問う。だがそれは、今日私たちが読むような完全なかたちとはほど遠いかたちで活字になった。新聞に発表された韓国語訳は途中で掲載を中止され、日本語のものも検閲による著しい削除を経て掲載された。

これはひとりの人間が行った国家への異議申し立てだった。命を掛けた行いだったことはいうまでもない。書簡のはじめに柳は「私は此頃殆《ほとん》ど朝鮮の事にのみ心を奪われている」と書き、こう続けた。


何故かくなったかは私には説き得ない。どこに情を説き得る充分な言葉があろう。貴方がたの心持ちや寂しさを察しる時、人知れぬ涙が私の眼ににじんでくる。〔中略〕何ものか見知らぬ力が私を呼ぶ様に思う。私はその声を聞かないわけにはゆかぬ。それは私の心から人間の愛を目覚ましてくれた。情愛は今私を強く貴方がたに誘う。私は黙してはいられない。どうして貴方がたに近づく事がいけないであろう。

（「朝鮮の友に贈る書」）

「人知れぬ涙」と記されているように、ここで平和を希求するのは悲しみの力である。それはほとんど「情愛」と分けることができない。柳のなかにある愛しみは、不条理への沈黙を許さない。同じ一文で柳はさらに次のように記している。

此頃日に日に貴方がたと私達とは離れてゆく。近づきたいと思う人情が、離れたいと思う憎みに還るとは、如何に不自然な出来事であろう。何ものかの心が茲《ここ》に出て、かかる憎みを自然な愛に戻さねばならぬ。力の日本がかかる和合を齎《もた》らし得ない事を私は知っている。然し情の日本はそれを成し就げ得ないであろうか。力強い威圧ではない、涙もろい人情のみが此世に平和を齎らすのである。

（「朝鮮の友に贈る書」）

書かれたのは九十余年前だが、その今日性に驚く。古くなることがないどころか柳の提言は今の世にも響き渡る。平和をもたらすのは「涙」によって鍛えられた心だけである、と柳は言う。

真に平和を実現しようと思う者は、いつも涙を感じ得る心を失ってはならない。柳にとって平和とは、涙の向こうで行われる真摯な対話だからだ。対話は、沈黙のうちに他者の痛みをまざまざと感じてみようとするところから始まる。

「読む」ことが橋を架ける

個の立場で国家に抗うことは困難を極める。そこで柳が選んだのは、美の力を用いることだった。この一文を発表したあと柳は、韓国に、今日の日本民藝館の原型のような「朝鮮民族美術館」を設立しようとする。実現したのは、先の書簡が書かれてから四年後だった。

そこに柳は、伝統的な陶芸のほかに、無名の、しかし、人びとに愛され日常の生活に用いられる日用品を並べた。柳にとって美とは、どこまでも人びとの日常に寄り添うものでなくてはならなかった。そこには、人生の悲しみが祈りと共に生きていなくてはならなかった。それは、芸術家と呼ばれる者によって生み出されるのではない。民衆によって作られる。のちに柳は、そうしたものを「民衆的工芸品」、「民藝」と呼ぶことになる。

美の前で人は沈黙する。言葉を超えた交流があり得ることを知る。また、美しいものを作り出した民族と文化には自ずからなる畏敬が生まれる。あるとき悲しみは、平和をもたらすために「美しみ《かな》」に姿を変える。次の柳の一節にある「悲」の文字は、そのまま「美」に置き換えてよい。むしろ、現代において平和を実現しようとする者もまた、美の助力を願わなくてはならない。

「悲」とは含みの多い言葉である。二相のこの世は悲しみに満ちる。そこを逃れることが出来ないのが命数である。だが悲しみを悲しむ心とは何なのであろうか。悲しさは共に悲しむ者がある時、ぬくもりを覚える。悲しむことは温めることである。悲しみを慰めるものはまた悲しみの情ではなかったか。（『南無阿弥陀仏』）

世界は悲しみに満ちている。そこから逃れることはできないと柳はいう。ここに記されているのは理論ではない。彼の切実な経験である。彼にとって悲しみは、乗り越える対象ではない。むしろ、その深みを生きるに値する何ものかだった。今日から見ると柳の言葉は、そのままには受け入れ難く思われるのかもしれない。だが、よく感じてみれば、柳の語っていることは、私たちの日常の経験ではないだろうか。

この一節は、悲しみの不思議を示す言葉であると同時に、「読む」ことの秘儀を語っている。書物でなくてもよい。肉声による告白でも手紙でもよい。あるいは新聞、雑誌であってもよい。悲しみの実相を語る真摯な言葉に出会ったとき、私たちの心は自ずと動き始める。真に「読む」ことが実現するとき、人はそこに描かれた悲しみによって、自らの悲しみを癒すことがある。

「読む」ということが真に営まれるとき人は、言葉を窓に彼方の世界を生きることになる。そうでなければ信仰者が聖典を読む意味も虚しくなるだろう。また、心を読むという言葉があるように、「読む」とは不可視なコトバを感じることでもある。「読む」とは単に学習することではない。それは字義通りの意味で生きることにほかならない。幼い魂にとってはいっそう「読む」ことのもつ意味は大きい。彼らは、そこで自分以外の生があることを身をもって知ることになる。

インドでの講演の終わり近く皇后は、幼年時代をふりかえって、読書とは、まず楽しみの経験であり、「根っこを与え、ある時には翼」をくれたと語る。しかし、何よりも根と翼は、自分が「外に、内に、橋をかけ、自分の世界を少しずつ広げて育っていくときに、大きな助け」になったという。「読む」ことは、新しい世界を切り拓くことだった、「読む」ことが、異なる心に「橋をかける」。

そう語ったあと皇后は「読む」とは言葉を窓にした「悲しみ」の経験であり、「自分以外の人がどれほどに深くものを感じ、どれだけ多く傷ついているかを気づかされたのは、本を読むことによって」だったとも語った。

また、自らの経験を語るに及んで皇后は、まず、自分とは比較にならない多くの苦しみと悲しみを今も生きている子供たちがいることを思うと、「自分の恵まれ、保護されていた子供時代に、なお悲しみはあったと言うことを控えるべきかもしれません」と断って、こう続けた。

しかしどのような生にも悲しみはあり、一人一人の子供の涙には、それなりの重さがあります。私が、自分の小さな悲しみの中で、本の中に喜びを見出せたことは恩恵でした。本の中で人生の悲しみを知ることは、自分の人生に幾ばくかの厚みを加え、他者への思いを深めますが、本の中で、過去現在の作家の創作の源となった喜びに触れることは、読む者に生きる喜びを与え、失意の時に生きようとする希望を取り戻させ、再び飛翔する翼をととのえさせます。悲しみの多いこの世を子供が生き続けるためには、悲しみに耐える心が養われると共に、喜びを敏感に感じとる心、又、喜びに向かって伸びようとする心が養われることが大切だと思います。

(『橋をかける』)

それぞれの子供の涙にはそれぞれの重さがある。涙の重さは量ることができない。また、二つとして同じ涙は存在しない、と皇后はいう。

ここで皇后は「愛しみ」という表現を用いることはないが、語られているのは、悲しみが小さな魂の中で「愛《かな》しみ」へと変貌する姿である。

悲しみは、誰かに受けとめられたとき、「愛しみ」へと姿を変える。愛しみは人を脅かしたりはしない。ただ、世には自分の知らないところで、あたかも自分の身代りになって悲しみを背負って生きている者がいることを教える。それは恐れの経験ではないが、畏れの経験の始まりだったかもしれない、とも皇后は語った。悲しみの多いこの世を生きる幼子にとって、愛しみは、闇に隠れている喜びの場所を照らす光となる。

愛しみには、魂を自ずと喜びへと導く働きがある。ここで皇后が語る喜びは、光と光に照らされるものが不可分であるように、けっして「愛しみ」と離れることがない。

終章　書く　井筒俊彦と「生きる哲学」

©朝日新聞社

「読む」と「書く」

人生の晩節といってよい時期になると井筒俊彦は、何を読み、何を書くかということよりも、「読む」あるいは「書く」という営為そのものへの思索を深めていった。

六十九歳のときに書いた「『読む』と『書く』」と題するエッセイで彼は、フランスの現代思想家ロラン・バルト（一九一五〜一九八〇）にふれながら、「書く」ことについて、次のように書いている。

真の書き手にとっては、コトバ以前に成立している客観的リアリティなどというものは、心の内にも外にも存在しない。書き手が書いていく。それにつれて、意味リアリティが生起し、展開していく。意味があって、それをコトバで表現するのではなくて、次々に書かれるコトバが意味を生み、リアリティを創っていくのだ。コトバが書かれる以前には、カオスがあるにすぎない。書き手がコトバに身を任せて、その赴くままに進んでいく、その軌跡がリアリティである。「世界」がそこに開現する。

ここでの「リアリティ」は「現実」と理解するよりも、「世界」、あるいは現実世界への「手応え」と理解した方が分かりやすいかもしれない。

「書く」とは、単に事実を記録することではない。むしろ、世界を新たに現出させることである。さらに人は、「書く」ことによって、世界の創造に参加することができるとすらいう。

そういわれてもなかなか実感は湧きにくいかもしれない。しかし、ここでの「書く」を「生きる」に変え、「言葉」を「世界」に置き換えてみたらどうだろう。ヨーロッパには「世界」を一冊の「書物」として捉える伝統がある。アウグスティヌス（三五四～四三〇）、ガリレオ（一五六四～一六四二）、デカルト、ジッド（一八六九～一九五一）にもそれを思わせる記述はある。文人だけではない。画家のドラクロア（一七九八～一八六三）は、世界は一冊の「辞書」であると言った。彼らにとって「書く」ことは叡知の世界に「生きる」ことを意味した。

また、井筒は「読む」ことの今日的意義にふれ、次のように語っている。

厳密な文献学的方法による古典研究とは違って、こういう人達の古典の読み方は、あるいは多分に恣意的、独断的であるかもしれない。結局は一種の誤読にすぎないでもあろう。だが、このような「誤読」のプロセスを経ることによってこそ、過去の思想家たちは現在に生き返り、彼らの思想は潑剌たる今の思想として、新しい生を生きはじめるのだ。

（『意味の深みへ』）

文中の「こういう人達」とは、先のバルトやジャック・デリダ（一九三〇〜二〇〇四）といった、「読む」こと自体に哲学的な意味を見出したヨーロッパの現代思想家を指す。彼らは従来のように何を読むかではなく、「読む」とは何かを考え始めたのだった。ここでも「読む」を「生きる」に置き換えれば、問題の意味はいっそうはっきりする。どう生きるか以前に、生きるとは何かを問い始めたというのである。

伝統的な古典のテクスト注解のような文献学的に正しい読み方の探究とは別に、創造的誤読とも呼ぶべき営みがある、と井筒は言う。そればかりか、「誤読」によってこそ、歴史に刻まれた叡知は、今によみがえるというのである。

ここでの「誤読」とは、粗雑な読みを意味しない。コトバとの一回的な邂逅を指す。固定された「読み」ではなく、今、ここで起きるコトバとの出会いを生きることを意味する。「誤読」を提唱しているが、井筒は注解者としても世界で活躍する一流の学者だった。日本語での校訂、注解の業績は残されていないが、カナダ、イランをはじめ、海外で生活を送っていたとき彼は、それぞれの場所で同僚たちと協力し、古典の編纂の優れた仕事に携わっている。彼自身も古典研究の恩恵を多くこうむり、その意義もよく理解している。だが、そうした精確な読みとは別な営みが今日、求められているというのである。別な一文で井筒は、「専門家が安閑と専門家の午睡を楽しんでいた時代はもう過ぎた」と述べた後、次のように、専門化する学問の在り方に対して強く警鐘を鳴らす。

宇宙時代が云々され、地球社会がまじめに論じられている現代、そこに生きる人間の切実に当面する問題の多くは、もはや細分化を重ねた専門家の手に負えるしろものではない。自分のやっていることは微に入り細にわたって知っているが、ただそれだけしか知らないというような型の専門家は、今では急速に世界の学界の田舎者になりつつある。専門家が専門家であることを乗り越えて、ひとまわり大きく成長しなければならない時代がすでに来ている。

(「国際会議・学際会議」『読むと書く』)

こう記すことで井筒は、一つの領域を真摯に探究する専門家を揶揄しているのではない。一筋の道を行く孤高の探究者に対する彼の敬愛はじつに深い。井筒は、彼等の学問が、現在の分野で終わることを惜しいと感じている。学問とはそもそも、不断の交差と衝突によって深化してきたと彼は信じている。形而上学といえども、根源的な意味で世界の「創造的進化」に寄与しなくてはならないというのが彼の信念だった。

自分の手に哲学を取り戻す

他の未知なる分野と交わり、対話を重ねることで、従来にはなかった視座や方法が見つかるかもしれない。事実、彼が長年研究を続けたイスラーム哲学の歴史は、異文化との交わりの軌跡だといってもよい。中世イスラーム文化は、真理を探究することにおいて、異なる文化、信仰を持つ者に助力を願うことを厭わなかった。真理を求めることにおいて彼等はいつも開かれていた。たとえば、中世イスラーム文化の発展においてキリスト教徒が果たした役割は大きい。彼らがギリシャ哲学の古典をギリシア語からアラビア語に翻訳したのだった。

また、中世イスラームの優れた哲学者は同時に優れた医者だった。医学と哲学は不可分なものであると認識されていた。人間がいかなる存在であるかの考察のないところで、どうやって人間に治癒をもたらすことができようか、というのである。

たしかに、彼らが持っていた医学技術の水準は、今日とは比べるべくもない。技術は時代と共に進化する。しかし、進化の座標軸では測れない問題がある。人間とはいかなる存在かという、「哲学」的問題はその典型だといってよい。事実、人間とはどんな存在であるかという認識において現代の私たちは、中世イスラームの哲学者たちに遠く及ばない。

世の中で発せられる情報が貧しい意味において専門化してゆくなかで、「読む」と「書く」という根源的な営みが刷新されること、それが現代において「哲学」がまっさきに求められていることだと井筒は考えた。「良心的に、かつ真剣に己れの現に置かれた事態を考えようとする」、本当の意味で専門の最前線にいる人はすでに、自分たちの持っている知識と経験だけでは眼前の出来事に対応できなくなっていることを熟知しているというのである。

過去何世紀にもわたって人々の頭脳を支配してきた学問の区分けそのものが浮動的になり、専門家たちが己れの専門領域のあり方について一種異様な不安を抱きはじめたという事実、それが問題なのだ。とにかく、良心的に、かつ真剣に己れの現に置かれた事態を考えようとする学者にとっては、一切が悪くすれば五里霧中ということにもなりかねない。そんな危機的状境のなかで、ついこのあいだまで我々が想像もしなかったような問題が次々に出現し、それらの問題をめぐって、新しい学問分野形成の気配が濃密に漂う。「読む」と「書く」とが現に示しつつある新しい学問的問題性も、まさにそうした性質のものなのである。

（「『読む』と『書く』」）

この一文が書かれて、すでに三十年以上の月日が経過している。問題はいっそう深刻化している。

現代では、哲学を研究する者は多い。しかし、孔子のコトバのような「生きる哲学」が私たちのもとにもたらされることは少ない。そればかりか、研究者によって、市井の人々への哲学の門が閉ざされるということがある。

文学と人間の間を一層強く結びつけるのが文学者の役割であるはずなのに、文学を研究する者によって文学のコトバは、単なる調査の対象になり、「死物」となることがある。同質のことは宗教の現場でも起こっている。急激に起こったのではない。知ることと信じることが分断されたところに近代が始まったのだとすれば、これらは皆、近代が内包していた問題だった。

芸術すら例外ではない。岡倉天心の日本美術院の創設や柳宗悦の「民藝」運動も、こうした状況のもとに生まれてきた。天心も柳も、美を「芸術家」たちの手から民衆の手に取り戻さなくてはならないと考えたのだった。まだ、「民藝」という言葉が広く知られていないころ、柳は「民藝」の器をめぐってこう書いている。

無学な職人から作られたもの、遠い片田舎から運ばれたもの、当時の民衆の誰もが用いしもの、下物《したもの》と呼ばれて日々の雑具に用いられるもの、裏手の暗き室々で使われるもの、彩りもなく貧しき素朴なもの、数も多く価《あたい》も廉《やす》きもの、この低い器の中に高い美が宿るとは、何の摂理であろうか。あの無心な嬰児の心に、一物をも有《も》たざる心に、知を誇らざる者に、言葉を慎《つつ》む者に、清貧に悦ぶ者達の中に、神が宿るとは如何に不可思議な真理であろう。同じその教えがそれ等の器にも活々《いきいき》と読まれるではないか。

（「雑器の美」）

器に真理を「活々と読」むことができる、と柳はいう。器には言語とは別なコトバによって刻まれた無上の「教え」があると語る。

ここで柳がいう「教え」は、これまで述べてきた「哲学」と同義である。彼の眼には「民藝」の作り手たちは、寡黙な哲学者に映った。

別なところで柳は、器を前にし、それについて語るのではなく、ただひたすらに見ることの重要さを説く。むしろ、見ることと、それについて語ることの根源的な差異を強調する。器にコトバを「読み」、それと交わるために人は、ひとたび沈黙のなかに身を置かなくてはならないというのである。

器を「読む」というと突飛な感じを覚えるかもしれないが、私たちは絵画にふれるとき、そこにさまざまなコトバを「読んで」いる。そこで身動きができなくなるほど心がふるえることがある。器を「読む」者が存在するということは、それを作った者は、器によってコトバを「書いた」のだ、と言えるだろう。器には、それを作った者だけでなく、ことさらに語ることのなかった「民衆」の感情がコトバによって記されている。ただ、それが言語とは別な姿をしているに過ぎない。

コトバを読むということ

ある日、友人と食事をしているときだった。話が絵画に及ぶと彼は、急に思い立ったようにこういった。

「セザンヌの画を美術館で見なくてはならないのが現代だからね」

こちらの怪訝そうな顔を見ると、次のように言葉を継いだ。

風景を題材にしたセザンヌ（一八三九～一九〇六）は、しばしば野外で絵を描いた。一枚の絵を仕上げるときも野外だったことは少なくないはずだ。しかし、彼は自然の光のなかで描かれたものを、自分たちは人工的な照明の下でしかみることができなくなっている。セザンヌが画いた作品にふれることはできるが、セザンヌが世界に感じた感動を果たして自分たちは、わずかでも感じられているのだろうか、というのだった。

美術館で画を見ても無駄だ、と彼は言いたかったのではない。むしろ、この人物は、その役割を深く認識し、美術館に深く関係する仕事に従事している。だが、最近の美術館は、画を演出することばかりに関心がいって、「見る」とは何か、美の経験とは何かを問うことを忘れているのではないか、というのだった。

もちろんその場でも、セザンヌの絵を日の光の差し込むところで見るような経験はなかなかできないという話になった。「でもね」と彼は言い、こう続けた。「たしかにぼくらはセザンヌの作品を見ることはできない。でも、ほかの美しいものなら自然の光のもとで見ることができる。たとえば……」と言って彼は鞄から愛用している小さな器を差し出した。掌に収まるほどの小さな器を彼はいつも傍らに持ち歩くのだという。それで酒を飲むこともあれば、手にもち、じっと眺めていることもあるという。

このとき、さらに進んで、私たちは「物」をどう認識するのか、というところに話が及んだ。「物」は確かに存在する。しかし、それを認識するとき人は、どうしても光の働きを必要とする。さらにいえば、美を現出させているのは光ではないのか。美の経験とは、「物」と人が交わるところに生まれるのではないか。絵であれ、陶器であれ、書画であれ、どんな光のもとで見るかによって印象はまったく異なる。同じ瞬間が二度とないように、同じ光は二度と差すことはない。芸術にふれるとは、どこまでいっても、その場一回限りの出来事であるはずだ。芸術家たちは、できる限り光の助力を得られるようにと願いながら、作品をつくるのではないか、というところで話は落ち着いた。

これらの話がじつに印象深かったのは、美の経験をめぐる根源的な発言だったからだけではない。それは文学や哲学の経験においても同じではないかと思ったのだった。彼が大切な経験を静かに語る姿を見ながら、骨董は知らないのだが、そういえば自分は本をそのように思うことがある、と思い返した。

骨董のような歴史的な価値がある本をいうのではない。何十回と読んで、付箋だらけになり、ほつれも出始めた文庫本のことを思ったのだった。骨董と本が同じだというのではない。本には本の世界があるように、骨董には骨董にふれたものにしかわからない世界があるに違いない。だが、そこにコトバを「読む」ことにおいては、同質の経験があるのではないかと思った。

本があり、時間があればそれを読むことができる、というのは表層的な事実に過ぎない。文字を追うことと「読む」ことはまったく異なる経験である。「読む」ということが本当の経験になるためには書物を読むときにも「光」を必要とする。それは書物を照らす物理的な光線とはまったく違う、私たちの内から湧き上がる内なる光である。

美の経験においても同じである。岡倉天心はそれを英語で書いた『茶の本』で、inner light（内なる光）あるいはspiritual light（霊光）とすら呼んだ。

人間は、内なる光によって照らされた、二度と繰り返すことのない叡知との邂逅、それをさまざまなコトバによって世界に定着させようとしてきた。それが「書く」ことなのである。

このとき、「書く」とは、コトバを語ることではなく、むしろ、コトバが自ら顕われ出る、その通路と化すことになる。また、「読む」とは、言葉を超えて、その奥にあるコトバに出会うことになる。

ここで考えているのは、専門的、研究的に「読み」、「書く」人々のことではない。むしろ、市井の人間における「読む」ことと「書く」ことの可能性である。

真実の美は、芸術家が作る豪奢な「芸術品」にあるのではない。民衆によって作られた「民藝」に宿っていると、柳は考えた。同じことは言葉をめぐっても考えられる。真に人間の魂を揺り動かすようなコトバは、芸術家やその世界の権威を目指す者によってではなく、日常に深く根を下ろして生きている市井の人々によって実現されるのではないだろうか。

今、かつてに比べると「読む」者が減っている。「書く」者は言うまでもない。

ここで「読む」とは、記された文字を情報として取り込むことではない。コトバを媒介として、書いた者と対話することである。さらにいえば新しいテクストを「創造」することである。

書かれた言葉は、読まれることによってコトバとなる。たとえばここにドストエフスキー（一八二一〜一八八一）の『罪と罰』がある。この本が真に小説としてよみがえるのは、真摯な読者によって読まれたときである。そのコトバはすでに作者であるドストエフスキーの経験を超えている。小説は、読まれることで変貌してゆく。小さな種子から樹木が育つように姿を変じてゆく。

「書く」とは、コトバを通じて未知なる自己と出会うことである。「書く」ことに困難を感じる人は、この本のなかで引用されている先人のコトバを書き写すだけでもよい。もし、数行の言葉を本当に引き写したなら、その人は、意識しないうちに文章を書き始めているだろう。そして、こんなコトバが自分に宿っていたのかと、自分で書いた文章に驚くに違いない。自分の魂を、真に揺るがすコトバはいつも自分から発せられる。人は誰も、コトバという人生の護符と共にある。コトバは見出されるのを待っているのである。

よく書けるようになりたいなら、よく読むことだ。よく読めるようになりたければ、必死に書くしかない。よく読むとは多く読むことではない。むしろ、一節のコトバに存在の深みへの通路を見出すことである。

必死に書くとは、これが最後の一文だと思って書くことにほかならない。たとえば、もうこの世では会えない人に、今日書いた言葉だけは届くに違いない、そう思って「書く」。本気でそう思えたら、文章は必ず変わる。心からそう感じることができれば「読む」態度も一変する。

「書く」とは、単なる自己表現の手段ではなく、永遠にふれようとする試みとなり、「読む」とは、それを書いた者と出会うことになるだろう。そこに見出すコトバは、時空を超えてやってきた、自分に送られた手紙であることを知るだろう。

あとがき

「生きる哲学」という題名を提案してくれたのは、文春新書編集部の鳥嶋七実さんだった。この言葉と出会うことがなければ、本作が生まれることはなかった。この一語には、哲学が、生者によってだけでなく、死者によって今も「生きられて」いるという意味が込められている。

西田幾多郎の『善の研究』の登場まで、日本に「哲学」はなかった、とはしばしば語られることだが俗説に過ぎない。西田の著作が、近代日本精神史における重要な著作であることは論を俟たない。だが、哲学が哲学書によってのみ示されるとは限らないのであれば、私たちは「哲学」の顕われを、もっと広汎《こうはん》な場所にもとめてよいはずである。

哲学を研究、勉強することなくても、深遠なる哲学を有する人は世の中に多くいる。

この本で取り上げた人々にとって何かを語るとは、そうした市井に生きる無名の人々に宿っている、本当の意味での「哲学」の代弁者となることだった。「私の生涯のうちで最もすばらしくかつ有意義な会話は、無名の人々との会話であった」（河合隼雄他訳）と最晩年に著した自伝でユングが語った実感は、彼らに共通の経験だった。

本文でも幾度かふれたが、ここでの「哲学」は、哲学者によって語られる言説に限定されない。それは、人間が叡知とつながりをもつ状態を指す。このことは、「生きる」ことが不断の状態であることと深く呼応する。同時に、「哲学」とは、単に語られることではなく、生きることによって証《あか》しされる出来事だとも言える。

本書の執筆は、小品ながら書き手としての私に、きわめて大きな示唆を与えてくれた。どの著作も編集者との協同がなければ生まれない。最初に声をかけてくれたのは鳥嶋さんだった。『文學界』で連載の機会を与えてくれ、前半の数回を自ら担当してくれたのが前編集長の田中光子さん、それを引き継ぎ的確な助言と助力をしてくれたのが豊田健さんだった。編集とは不可視なコトバによって著作に参与することである。改めて千の感謝を送りたい。

書くとは、私にとっていつも、不可視な隣人と共にする営みである。彼ら、彼女らの支えがなければ一文字も記すことができないことを深く実感している。「隣人」には親しい人もいれば、この世では会うことのなかった人もいる。

なかでも特に、哲学者池田晶子に本書をささげたい。彼女に会ったことはない。彼女を論じる章を書くことはなかったのは、そもそも「哲学」とは何かを彼女から多く学んだからだった。それは今も続いている。四半世紀前に遡る彼女との「邂逅」がなければ本書が生まれることはなかったからである。

二〇一四年十月二十一日　　サンフランシスコ空港にて

志村ふくみ『一色一生』講談社文芸文庫

第六章

堀辰雄『風立ちぬ・美しい村』『大和路・信濃路』新潮文庫

第七章

遠藤周作『死について考える』光文社文庫

リルケ『ドゥイノの悲歌』手塚富雄訳、岩波文庫

リルケ『若き詩人への手紙・若き女性への手紙』高安国世訳、新潮文庫

第八章

神谷美恵子『生きがいについて』『人間をみつめて』みすず書房

マルクス・アウレーリウス『自省録』神谷美恵子訳、岩波文庫

第九章

『日常語訳　新編スッタニパータ』今枝由郎訳、トランスビュー

『日常語訳　ダンマパダ』今枝由郎訳、トランスビュー

第十章

宮沢賢治『新編宮沢賢治詩集』『新編銀河鉄道の夜』新潮文庫

第十一章

石牟礼道子『苦海浄土』講談社文庫

フランクル『夜と霧　新版』池田香代子訳、みすず書房

フランクル『それでも人生にイエスと言う』山田邦男・松田美佳訳、春秋社

第十二章

辰巳芳子『味覚旬月』ちくま文庫

辰巳芳子『あなたのために』文化出版局

第十三章

白川静『初期万葉論』『詩経』中公文庫

美智子皇后『橋をかける』文春文庫

美智子皇后『皇后陛下御歌集　瀬音』大東出版社

柳宗悦『南無阿弥陀仏』『新編美の法門』岩波文庫

終章

井筒俊彦『読むと書く』慶應義塾大学出版会

『生きる哲学』ブックリスト

読者には、ぜひ本書でふれた原典に直接当たって「哲学」を実感して頂きたい。以下にあげた著作はいずれもすでに「古典」の風格を備えている。選択の基準は、本文中で言及した著作であり、現時点で入手可能な書籍に限定して列挙した。副題は掲載していない。

序章

池田晶子『14歳からの哲学』トランスビュー
井筒俊彦『意識と本質』岩波文庫
和辻哲郎『古寺巡礼』岩波文庫

第一章

デカルト『方法序説』谷川多佳子訳、岩波文庫
ヴァレリー『ムッシュー・テスト』清水徹訳、岩波文庫
須賀敦子『須賀敦子全集』第一巻～第三巻、河出文庫

第二章

舟越保武『舟越保武全随筆集』求龍堂
高村光太郎『高村光太郎詩集』岩波文庫
井上洋治『余白の旅』日本基督教団出版局

第三章

原民喜『夏の花・心願の国』新潮文庫
原民喜『新編原民喜詩集』土曜美術社出版販売

第四章

吉川幸次郎『論語』朝日新聞社
小林秀雄『考えるヒント』『考えるヒント２』文春文庫
白川静『孔子伝』中公文庫

第五章

ゲーテ『色彩論』木村直司訳、ちくま学芸文庫
志村ふくみ『色を奏でる』『語りかける花』ちくま文庫

初出　「文學界」二〇一三年六月号〜二〇一四年七月号

若松英輔（わかまつ　えいすけ）

批評家。1968年生まれ。慶應義塾大学文学部仏文科卒業。2007年「越知保夫とその時代　求道の文学」で、第14回三田文学新人賞評論部門当選。著書に『井筒俊彦　叡知の哲学』（慶應義塾大学出版会）、『魂にふれる　大震災と、生きている死者』『池田晶子　不滅の哲学』（トランスビュー）、『君の悲しみが美しいから僕は手紙を書いた』（河出書房新社）、『現代の超克　本当の「読む」を取り戻す』（共著、ミシマ社）、『悲しみの秘義』（ナナロク社）、『言葉の贈り物』（亜紀書房）など。

文春新書

1001

生《い》きる哲学《てつがく》

2014年（平成26年）11月20日　第1刷発行
2016年（平成28年）12月15日　第3刷発行

著　者　若松英輔
発行者　木俣正剛
発行所　株式会社　文藝春秋

〒102-8008　東京都千代田区紀尾井町3-23
電話（03）3265-1211（代表）

印刷所　大日本印刷
製本所　大口製本

定価はカバーに表示してあります。
万一、落丁・乱丁の場合は小社製作部宛お送り下さい。
送料小社負担でお取替え致します。

ISBN978-4-16-661001-3